要点がわかる！

遺言書の基礎知識ブック

法務局保管制度対応版

Book of Basic Knowledge on Wills

永岡書店

もくじ

マンガでわかる！ 遺言書５つのケースをご紹介

こんなときどうする？

遺言書の基礎知識

はじめに

相続法が40年ぶりに大改正され、自筆証書遺言がつくりやすくなりました

２０１８年7月、相続法が40年ぶりに大改正され、２０１９年1月から施行されました。配偶者の権利拡大など改正点はいくつかありますが、その中でも注目すべきは、自筆証書遺言がとてもつくりやすくなったことです。

これまで自筆証書遺言は、全文を自筆する必要があることや、修正の仕方が複雑なため、高齢で身体の不自由な人にとっては大きな負担でした。不動産の所在地や預貯金の口座番号など細かいところで間違えると、修正しづらいためにまた一から書き直すなど大変な労力がかかったのです。

それが今回の法改正により、財産目録は手書きでなくパソコン入力も可能になり、不動産の登記事項証明書や預貯金通帳を添付するだけでもＯＫになるなど、遺言書をつくるハードルがぐんと下がりました。また、これまではせっかく遺言書をつくっても、長期間保管するうちに失くしたり、誰かが勝手に内容を書き換えるおそれがあるなど保管上の問題がありましたが、それを解決するため２０２０年7月10日から、法務局で自筆証書遺言を保管する「自筆証書遺言書保管制度」（法務局保管制度）が始まりました。その際、遺言書の形式に間違いがないかをチェックしてもらえたり、相続発生後は家庭裁判所の検認手続きを受けずにすむなど、色々なメリットがあります。

今まで「遺言書づくりは大変そう」とためらっていた人も、ぜひこの機会に遺言書づくりに取り組んではいかがでしょうか。本書で基礎知識を理解し、キットを使うことで、あなたの願いをかなえる遺言書がスムーズにつくれることでしょう。

大改正ではどう変わる？

ポイント

自筆証書遺言がつくりやすくなった

自筆証書遺言は手軽につくれるというイメージがありますが、実際に書いてみると意外と難しいものです。「相続させる」「遺贈する」などの法律用語の使い分けがよくわからなかったり、不動産や預貯金の明細を正確に書くのに神経を使ったり。書き間違えたときの修正方法も複雑で、結局はじめから書き直すということになりがちです。

また、せっかくつくった遺言書を自宅で保管していたら、いつのまにか紛失してしまったということもよくあります。死後、あるはずの遺言書が出てこないと遺族が探し回ることも。このような自筆証書遺言の問題点を解決したのが、今回の法改正です。

❶財産目録はパソコン作成でも認められる

自筆証書遺言は全文を自筆する必要がありますが、法改正により財産目録だけは手書きでなくてもよくなりました。パソコンでの作成のほか、不動産の登記事項証明書や預貯金通帳のコピーを別紙として添付し、全ページ（裏面に記載があれば裏面にも）に署名押印すればよいので、記載ミスを防げ、作成者の負担も少

40年ぶりに見直された

相続法の遺言・相続

2018年7月の民法改正により、遺言や相続に関する制度はどう変わったのでしょうか。

なくなります。

❷自筆証書遺言を法務局で保管してもらえる

自筆証書遺言には、作成後自宅で保管するうちに紛失や変造のおそれがあります。法改正後は法務局で保管してもらうことが可能になりました。遺言書を法務局に持参して形式的なチェックを受けた後で、法務局で原本と電子データを保管します。通常、自筆証書遺言は相続発生後、家庭裁判所で検認手続き（P55参照）を受ける必要がありますが、法務局で保管された遺言書については不要になります。

※詳しくは、法務省ホームページをご確認ください。

ポイント

配偶者など様々な関係者の権利に配慮された

❸遺言書の内容が絶対的ではなくなった

以前であれば、遺言執行者が定められている場合、相続人が勝手に遺言書の内容と違うことをしても無効を主張できました。

しかし、それでは相続人から遺産を譲り受けた第三者が害されるということ

※法務省ホームページ https://www.moj.go.jp/MINJI/minji03_00051.html

〈改正法の施行日〉

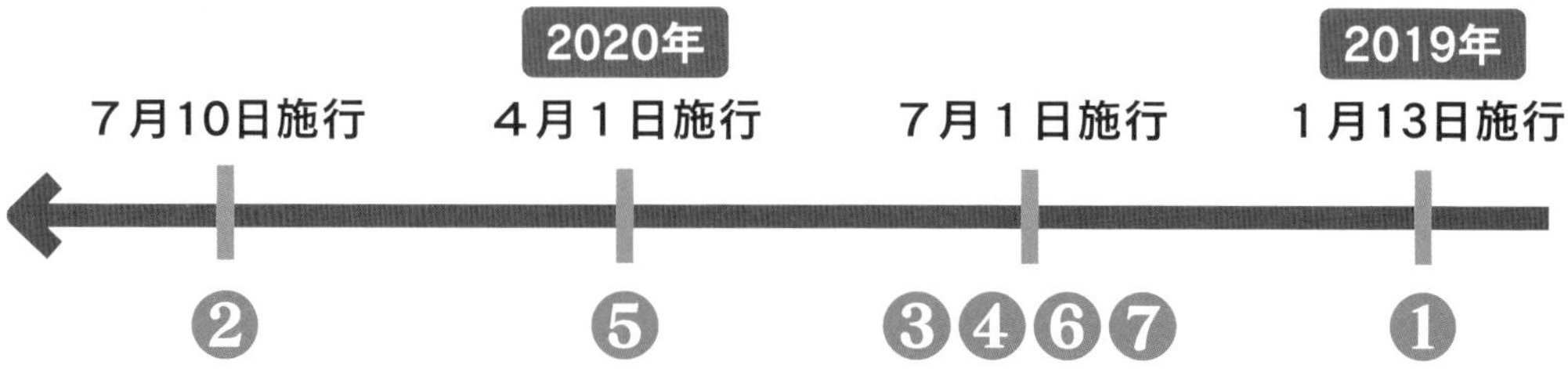

で、改正後は、事情を知らない第三者は保護されることになりました。

また、たとえば遺言書に「不動産を妻に相続させる」と書いてある場合でも、長男が勝手に自分の持ち分を何も知らない人に売って登記を移すと、妻はその相手に対して権利を主張できなくなりました。

相続発生後、相続人がすみやかに遺言書の内容を実行し、登記をするためにも、自筆証書遺言をつくったら法務局で保管するか、公正証書遺言にして検認手続きを受ける必要がないようにすべきでしょう。

❹遺留分をお金でもらえる

たとえば長男と次男がいるのに、「全財産はすべて長男に相続させる」という遺言書がのこされたら、次男は長男に最低限の自分の取り分（遺留分《いりゅうぶん》）を主張するかもしれません。以前は、「遺留分減殺請求」をすれば長男と次男が遺産を共有する形になりましたが、法改正後は、「遺留分侵害額請求」（P60参照）といってお金を請求する形に変わります。その結果、この場合、長男は不動産を次男と共有することはなく、次男の遺留分についてはお金で支払うということになります。

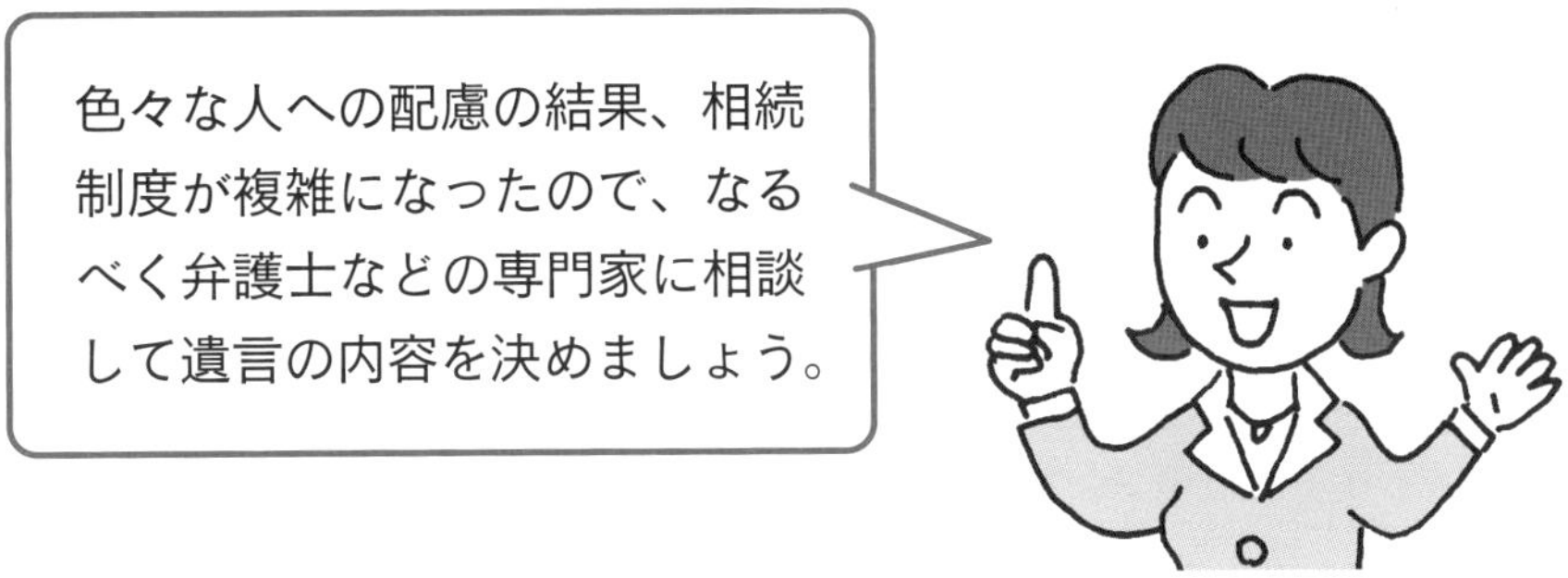
色々な人への配慮の結果、相続制度が複雑になったので、なるべく弁護士などの専門家に相談して遺言の内容を決めましょう。

⑤配偶者の保護が手厚くなった

遺産のほとんどが不動産というケースでは、妻が自宅を相続したら預貯金をもらえないということがよくありました。しかし、法改正後は、夫の死後も妻が自宅に住み続けることが「配偶者居住権」として認められるようになるため、預貯金など他の財産も相続できるケースが増えそうです。

⑥死後も預貯金を引き出せる

通常は、遺産分割協議が終わるまで故人の預貯金を引き出せませんが、それでは遺族が葬儀代や生活費を引き出せずに困る場合があります。法改正後は、相続人が家庭裁判所に遺産分割前の預貯金の仮払いを申立てられるほか、一定額までであれば家庭裁判所の判断なしに、直接金融機関から預貯金を引き出せます。

⑦介護をしたお嫁さんも遺産をもらえるように

これまで、たとえば長男の妻が義理の両親を介護しても、遺産をもらう権利はありませんでしたが、法改正により、介護で貢献した分を「特別寄与料」として請求できるようになりました。ただ、どれだけ貢献したのかを算定するのは難しいため、もしこれまで介護をしてくれた人にも財産をのこしたいと思うなら、遺言書の中に書いてあげるのが望ましいといえるでしょう。

くり4つのメリット

自分や家族の将来を考え、元気なうちに遺言書をつくる人が増えています。大切な人を守るために遺言書をのこせば、将来きっと感謝されるでしょう。遺言書をつくるメリットを詳しく説明しましょう。

1 遺産争いを防げる

遺言書によって、誰にどの財産をあげるか指定することで、のこされた家族が相続をめぐってもめることを防げます。

実は、トラブルになりやすいのは、財産がマイホームと預貯金数百万円から一千万円程度というような、ごく一般的な家庭です。財産のほとんどが、不動産のように分割しにくいものだと、相続人全員が納得できるようにわけるのが難しいからです。

2 相続手続きの負担を減らせる

一般的に、相続手続きには半年から1年程度かかります。遺言書があれば手間をはぶき、期間を短縮できます。

特に不動産登記において、通常は相続人全員の同意や印鑑証明書が必要ですが、遺言書で誰に相続させるか指定すれば、その人の分だけですみます。

知って おきたい！

遺言書づ

3 家族の生活を守れる

もし、法律どおりにわけると、あなたと同居していた人が家を追い出されるような場合は、自宅を相続させるように遺言することで相手を守れます。また、あなたの死後、学費や生活費を必要とする人がいる場合は、遺言書によって確実に財産をのこせます。

4 気がかりを解決できる

子どもが海外に住んでいたり、音信不通だったりして、将来の相続手続きに支障が出そうな場合は、そのような事情に配慮した遺言をすることで、将来のトラブルを防げます。婚外子を認知したり、素行が悪い家族を相続人から除く（廃除する）こともできます。

また、特別にお世話になった人に財産を遺贈したり、自治体や福祉施設に寄付することも可能です。

遺言書は決してお金持ちで家族仲が悪い人のためのものではありません。ごく普通の家庭でも、将来、子どもに手間や時間をかけさせないためにつくっておくととても助かるはずです。

りの流れ

遺言書のつくり方には、いくつかの方法があります。
すべてを自分で書く「自筆証書遺言」と公証役場でつくってもらう
「公正証書遺言」の２つが一般的です。

自筆証書遺言――すべてを自分自身で書く遺言書

遺言書というと、まず自筆証書遺言をイメージする人が多いでしょう。本書も、自筆証書遺言をつくることを目的にしています。

自筆証書遺言は手軽につくれますが、問題点もあるので、よく理解してからつくるようにしましょう。メリット・デメリットは次のとおりです。

メリット

- 紙とペンがあれば、いつでも手軽につくれる。
- 費用がかからない。
- 内容を他人に知られなくてすむ。
- 手間があまりかからないので、気軽につくり直せる。
- 法務局で保管してもらえば、相続発生後家庭裁判所で検認手続きを受ける必要がない。

自筆証書遺言の作成・実行は、次のような流れになります。

❶遺言書の内容を決めて、下書きをする

❷遺言書を清書する

※遺言書キットを利用すると便利です。

❸遺言書を封印して保管する

※２０２０年7月10日以降に法務局で保管してもらう場合は、封筒に入れずに保管手続きをし、❹の検認は不要になります。

基本のき 遺言書づく

デメリット

- 内容や形式が間違っていて、無効になる（相続手続きができない）ことがある。
- 保管中に紛失したり、万が一のとき遺族に発見されないことがある。
- 誰かが内容を書き換える（変造する）おそれがある。
- 自宅などで保管した場合、家庭裁判所の検認手続きが必要なので、2～3ヶ月程度かかる。

相続発生！

④ 遺族が遺言書を見つけて、家庭裁判所の検認を受ける

⑤ 遺言書をもとに、遺族が不動産や預貯金などの相続手続きを行う

公正証書遺言——公証役場で作成してもらう遺言書

自筆証書遺言をつくったあと、遺言書の形式や内容面で不安があるときは、「公正証書遺言」につくりなおすと安心です。

公正証書遺言は法律の専門家である公証人が作成し、その際に本人確認も行われるので、その点で遺言書の有効性が問題になることはほとんどありません。また、相続発生後に遺族が家庭裁判所で検認を受ける必要がないので、スムーズに相続手続きを行えます。

公正証書遺言のメリットやデメリット、つくり方は56ページをご覧ください。

5つのケースをご紹介

Case1

田中一郎さん（78歳）の場合

- 特定の子どもに遺産を多めにあげたい
- 同居している長男に家をのこしたい

Case2

鈴木幸一さん（45歳）の場合

- 子どものいない夫婦
- 妻に全財産を相続させたい

Case3

佐藤義男さん（71歳）の場合

- 離婚・再婚で数人の子どもをもうけた
- 子どもたちが相続でもめないようにしたい

マンガでわかる！ 遺言書

遺言書は特別な人がつくるものではありません。
これからご紹介する５つのケースを通じて、
あなたの将来の“相続の問題点”や、
“遺言書の必要性”について考えてみてください。

Case4

阿倍弘美さん（47歳）の場合

- おひとりさまの遺産はどこにいく
- めいとボランティア団体に遺産をあげたい

Case5

高橋敏江さん（75歳）と
牛島春子さん（78歳）の場合

- 主婦にも遺言書は必要？
- 夫の遺産を子どもたちにスムーズに引き継がせたい

こんなときどうする？

※本文中に紹介した遺言書の文言は一例です。法的な有効性を保証するものではないのでご注意ください。
また、住所、氏名、金融機関名、口座番号等はすべて実際のものではありません。

Case 1

田中一郎さん（78歳）の場合

〈特定の子どもに遺産を多めにあげたい〉

同居している長男に家をのこしたい

田中一郎さんは現在78歳。ずいぶん前に奥さんを亡くしてから、長男夫婦と一緒に暮らしています。一郎さんは、趣味の釣りのために旅行に出かけるなど、まだまだ体は元気ですが、先日友人の訃報に接してから、「もし自分に何かあったら……」と考えるようになりました。離れて暮らす次男のことを気にかけつつも、自宅など主な財産は、長年面倒をみてくれた長男にのこしたいと考えています。

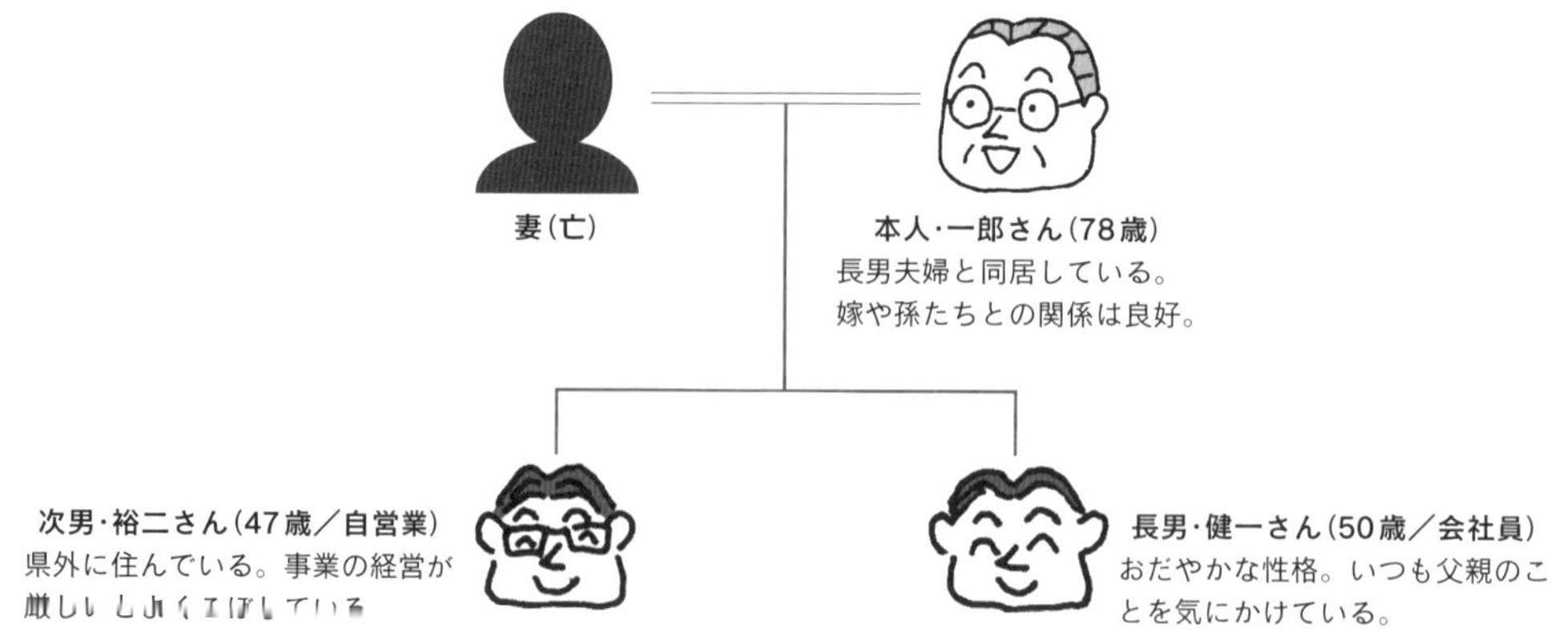

アドバイス

子どもの相続権は平等なので、遺言書がなければ健一さんが自宅を相続できないかもしれません。相続をめぐってきょうだい関係を悪化させないためにも、ぜひ遺言書をつくるべきです。健一さんに自宅を相続させるかわりに、預貯金を裕二さんに多めに相続させるなどしてバランスをとるといいでしょう。将来、健一さんが遺留分の侵害額請求《しんがいがくせいきゅう》（P60参照）を受けないように、今のうちに裕二さんに遺留分の放棄をしてもらえれば万全です。

事例1 田中一郎さん（78歳）の場合

「口約束」だけでは実現する保証がない

「私に何かあったら、この家はお前にあげるから大丈夫だよ」

父親が生前、妻や子どもにそう話していたのに、実際に相続が発生したら他の相続人にそんな話はなかったものとして遺産分割協議が行われ、その後の親族関係がぎくしゃくしてしまった、という話は珍しくありません。本当にその思いを実現したいのなら、口約束ではなく、正式な「遺言書」をつくるべきでしょう。

このケースのように、長男など特定の相続人に法定相続分（P42参照）を上まわる財産をあげたい場合、遺言書がなければ実現できないと考えたほうがいいでしょう。たとえ子どもたちの仲がよくても、その配偶者や親戚が口を出すかもしれません。また、表立って争いにならなくても、誰が何をもらうかで疑心暗鬼になったり、互いに遠慮して気まずい思いをするかもしれません。

自分の死後、家族がこれまでと同様に良好な関係を続けてほしいのなら、「あとはよろしく頼む」といった漠然とした態度ではなく、きちんと誰に何をあげるかを遺言書で指定してあげるべきなのです。

ポイント

他の相続人への配慮を忘れないようにしましょう

特定の相続人に財産を多めに相続させると遺言をしても、必ずそのとおりになるとは限りません。他の相続人には、最低限のこされる権利（遺留分という。P44参照）があるからです。

もし、このケースで長男が次男から遺留分の請求を受けた場合、長男はその分を次男にあげなければなりません（P60参照）。それを避けたいときは、遺留分にあたる額を次男に相続させるように遺言したり、次男に財産を生前贈与して遺留分を放棄（P60参照）してもらうことなどが考えられます。

▼特別な貢献をした人の「寄与分《きよぶん》」

子どもが親と同居して世話をしても、法律上はそれだけで財産を多くもらう理由になりません。ただ、仕事をやめて親の介護に専念したような場合は、その評価額を「寄与分」として考慮できます。このような事情があれば、相手に多めにあげるように遺言しても周囲の納得を得やすいでしょう。遺言書に、その事情を「付言事項」として書いておきましょう。

田中一郎さんの遺言書

遺言書

遺言者田中一郎は、次の通り遺言する。

1．遺言者は、遺言者の所有する以下の財産を、遺言者の長男田中健一（昭和44年5月1日生）に相続させる。

（1）土地　所在／東京都武蔵野市青町三丁目　　地番／2番3

地目／宅地　地積／85.11平方メートル

（2）建物　所在／東京都武蔵野市青町三丁目15番地2　　家屋番号／2番3の2

種類／居宅　　構造／木造スレート葺2階建て

床面積／1階76.99平方メートル、2階68.02平方メートル

2．遺言者は、遺言者名義の以下の預金債権のすべてを前記長男田中健一に3分の1、次男田中裕二（昭和47年6月10日生）に3分の2の割合で相続させる。

（1）そよかぜ銀行青町支店（口座番号381730）

（2）第五十七銀行武蔵野支店（口座番号0482942）

3．遺言者は、前記1．2に記載以外の財産の一切を長男田中健一に相続させる。

4．遺言者は、祖先の祭祀を主宰すべき者として、長男田中健一を指定する。

5．遺言者は、遺言執行者として、長男田中健一を指定する。

6．付言事項

健一には同居して何かとお世話になったので、自宅の土地建物をのこすことにした。裕二には申し訳ないが、以前、住宅資金を贈与したこともあり、預貯金を多めにのこすことで了解してほしい。二人とも、これからも仲のいい兄弟関係を築いてくれるように希望している。

令和5年4月31日

東京都武蔵野市青町三丁目15番2号

遺言者　田中一郎

田中

1/1

※財産の書き方には様々な方法があります。迷ったら弁護士などの専門家に相談してください。

Case2

鈴木幸一さん（45歳）の場合

〔子どものいない夫婦〕

妻に全財産を相続させたい

鈴木さん夫婦は、10年前に職場結婚をしました。その後、幸一さんの転勤にともない、みどりさんは会社をやめて派遣社員に。休日はよく一緒に映画を観に行くなど夫婦仲は良好で、なんでも話し合える関係です。子どもはいませんが、これから先もずっとふたりで仲良く暮らしていくつもりです。ただ、みどりさんは幸一さんが人つきあいがよく、しょっちゅう友達とお酒を飲みにいくことを心配しています。

夫・鈴木幸一45歳
健康診断 判定
肝機能 D
腎機能 B
尿酸値 B
血圧 A
うーん、肝臓の数値が…ちょっと飲み過ぎかなあ
妻・みどり42歳
大丈夫？ あなたに何かあったら私が困るんだから、体に気をつけてね
大丈夫だよ。もし僕に万一のことがあっても、キミが全財産を相続するんだから
すみません、その考えは間違っていますよ
STOP!
間違ってる？どこが？
先生
妻が必ず全財産を相続できるとは限らないんです
ほかにも相続人がいれば、その人にも権利がありますから

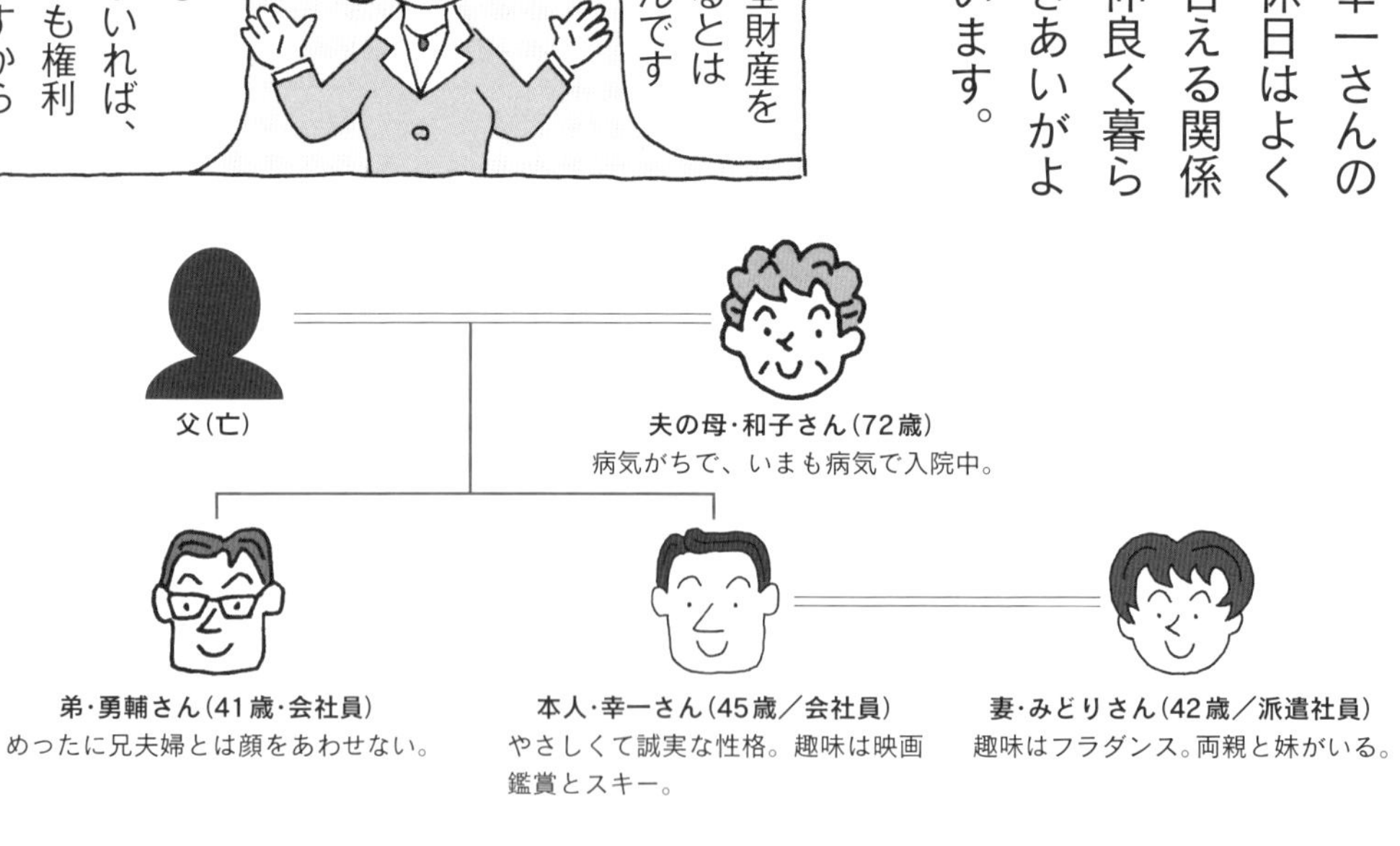

父（亡）
夫の母・和子さん（72歳）
病気がちで、いまも病気で入院中。
弟・勇輔さん（41歳・会社員）
めったに兄夫婦とは顔をあわせない。
本人・幸一さん（45歳／会社員）
やさしくて誠実な性格。趣味は映画鑑賞とスキー。
妻・みどりさん（42歳／派遣社員）
趣味はフラダンス。両親と妹がいる。

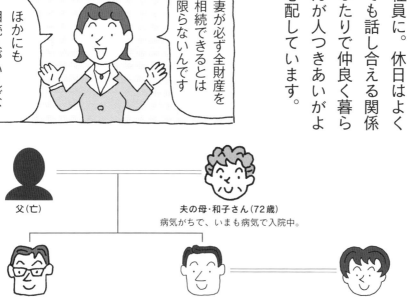

アドバイス

もし、いま幸一さんが亡くなると、妻のみどりさんだけでなく幸一さんの母親にも、財産を相続する権利があります。みどりさんがマンションや預貯金の相続手続きをする際に、母親の同意書や印鑑証明書をもらわずにすませたいのなら、遺言でみどりさんが全財産を相続できるようにしましょう。また、みどりさんの名義の預貯金やマンションの共有持分《きょうゆうもちぶん》について、将来確実に幸一さんに相続させたいのなら、みどりさんも同様に遺言書をつくる必要があります。

早めに、夫婦そろって遺言書の準備を

子どものいない夫婦の場合、夫が亡くなると、必ず妻が全財産を相続できるわけではありません。夫の親が生存していれば、親にも3分の1（親が亡くなっていればきょうだいに4分の1）、相続権があるからです。これは妻の場合も同様です（P40参照）。

もしこの場合に夫が、「妻に全財産を相続させる」という遺言書をのこせば、妻は全財産を相続できます。ただし、1年以内に夫の親が遺留分を求めてきたら応じなければなりません。きょうだいは遺留分がないので、心配は不要です。また、法改正により配偶者居住権が創設されました（P7参照）。

子どものいない夫婦の場合、まだ30～40代の若いうちから遺言書の作成を考える必要があります。妻名義の預貯金やマイホームの共有持分がある場合は、妻も同時に遺言書を作成すべきでしょう。また、万一ふたりが同時に亡くなったときに、特定の人に財産をあげたいと考えている場合は、そのことを「予備的遺言」にするといいでしょう（P35参照）。

ポイント

親きょうだいの生活が心配なら一定の配慮をしましょう

妻に全財産を相続させるのではなく、自分の親きょうだいに一定の財産をのこすように遺言をすることも可能です。特に現在、親きょうだいに仕送りをしていて、自分がいなくなると生活に支障を来たすような場合には配慮すべきでしょう。

たとえば、マイホームと主要な預貯金は妻に、その他の預貯金や株式などを親きょうだいに相続させることも考えられます。妻に全財産を相続させるように遺言して、親きょうだいを生命保険の死亡保険金の受取人に指定することも保険会社によっては可能でしょう。

▼嫁と姑の関係が悪い場合は要注意

配偶者の親きょうだいとの関係がよければ、相続でもめることはないかもしれませんが、それでも遺言書があれば、彼らの同意を得る手間がはぶけ、のこされた方の精神的負担が少なくなります。もし妻と姑の折り合いが悪いような場合は、将来トラブルが予想されるので遺言書が不可欠です。

鈴木幸一さんの遺言書

遺言書

遺言者鈴木幸一は、次の通り遺言する。

1．遺言者は、遺言者の所有する以下の不動産、預貯金等を含む一切の財産を、遺言者の妻鈴木みどり（昭和52年7月21日生）に相続させる。

（1）遺言者名義のマンションの一室（敷地権を含む）

（1棟の建物の表示）

所在／葛飾区木寺町二丁目1番地3

建物の名称／パークマンション

（専有部分の建物の表示）

家屋番号／木寺町二丁目1番3の307　　建物の名称／307

種類／居宅　　構造／鉄筋コンクリート造1階建

床面積／3階部分75.46平方メートル

（敷地権の表示）

所在及び地番／葛飾区木寺町二丁目1番3　　地目／宅地

地積／1000.00平方メートル

敷地権の種類／所有権

敷地権の割合／1000分の75

（2）遺言者名義の以下の預貯金を含む金融資産すべて

①第二葛飾信用金庫駅前支店（口座番号124359）　定期預金

②ゆうちょ銀行　記号1234　番号567890　通常貯金

（3）その他遺言者に属する一切の財産

2．遺言者は、遺言執行者として、妻鈴木みどりを指定する。

令和5年3月1日

東京都葛飾区木寺町二丁目1番3号 パークマンション307号室

遺言者　鈴木幸一　（印：鈴木）

1/1

※（1）に詳細を書かず、「（1）別紙登記事項証明書の不動産」と書くこともできます（P51参照）。

親父、お見舞いに来たよ
次男・佐藤明40歳
ああ、忙しいのにすまんな
父・佐藤義男71歳
あれ、誰か来ていたの?
ああ、哲郎が来たんだよ
哲郎って、前の奥さんの子どもの?
長男・哲郎さん(45歳)
お父さん病気だって、大丈夫?
そうだよ。会うのは久しぶりだったなぁ

Case3

佐藤義男さん(71歳)の場合

〔離婚・再婚で数人の子どもをもうけた〕

子どもたちが相続で、もめないようにしたい

佐藤義男さんは、若い頃に結婚して子どもをもうけたものの、すぐに離婚しました。その後再婚し、二人の子どもに恵まれましたが、その妻は5年前に亡くなりました。義男さんは、体調を崩して入院した病院のベッドの中で、過ぎし日のことやこれからのことを、あれこれ考えています。異母きょうだいである子どもたちに、ほとんど交流がないことが気になっています。

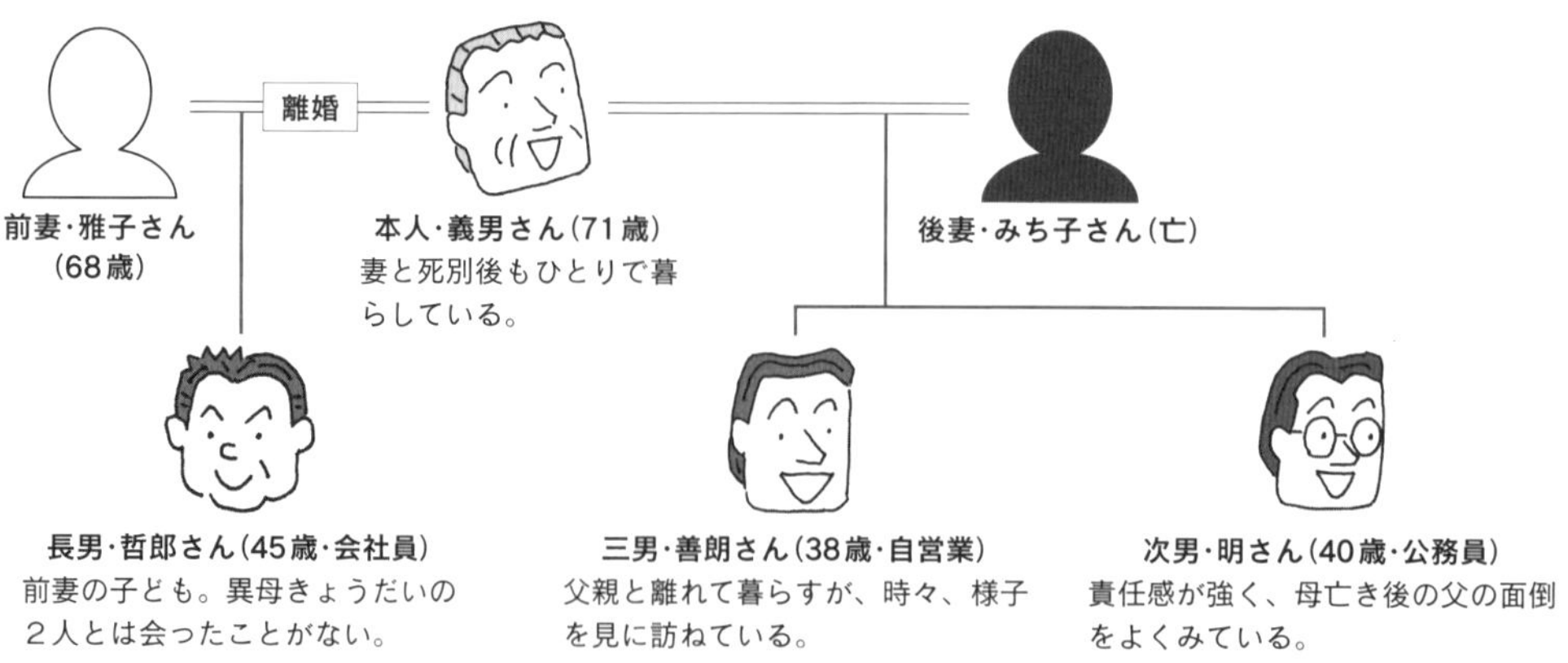

離婚
前妻・雅子さん(68歳)
本人・義男さん(71歳)
妻と死別後もひとりで暮らしている。
後妻・みち子さん(亡)
長男・哲郎さん(45歳・会社員)
前妻の子ども。異母きょうだいの2人とは会ったことがない。
三男・善朗さん(38歳・自営業)
父親と離れて暮らすが、時々、様子を見に訪ねている。
次男・明さん(40歳・公務員)
責任感が強く、母亡き後の父の面倒をよくみている。

アドバイス

義男さんにとっては、みんな血をわけた大切な子どもたちですが、子どもたちの感情は複雑です。普段からつきあいがないので、将来相続が発生したときにスムーズに遺産分割協議を進めるのは難しいでしょう。いまのうちに義男さんが、３人とのこれまでの関係に応じた遺産わけの方法を考えて、きちんとした遺言書をつくっておけば、子どもたちの負担を最小限におさえ、もめごとを防ぐことができます。

事例
佐藤義男さん ❸（71歳）の場合

相続人が多い人は、遺言書でトラブルを防ぐ

近年、離婚や再婚をする人が増加しています。家族関係が複雑になると、相続関係も複雑になりがちです。

佐藤さんのケースのように、死後、前妻の子どもが、後妻の子どもたちの前に相続人として現れると、互いに感情的なあつれきから遺産分割協議がスムーズに進まなくなる可能性があります。

離婚・再婚で複数の子どもをもうけた人は、死後に子どもたちが困らないように、あらかじめ遺言書で遺産のわけ方を指定してあげるべきでしょう。

この場合に、一方の子どもだけに財産を相続させると、他方の子どもが遺留分を求めてくる(P44参照)可能性があるので、なるべく遺留分を侵害しないように注意しましょう。

また、離婚・再婚といった事情がなくても、普段から親族関係が疎遠だったり、相続人の数が多い人は、将来の遺産相続に支障が生じやすいので、遺言書の作成が望ましいといえます。

ポイント

どちらの子どもにも遺産を相続する権利がある

遺言書の作成では、子どもたち双方への配慮が必要です。

たとえば、①前婚のときに築いた財産や配偶者から相続した財産は、前妻の子どもに相続させる②再婚後に築いた財産や後妻から相続した財産は、後妻の子どもに相続させる、などです。なお、前妻が生存している場合でも相続権はないので、考慮しなくてかまいません。

▼親の離婚・再婚は子どもの相続にも影響する

事例❸のようなケースでは将来、子ども自身の相続にも影響することもあるので注意が必要です。両親の死後に、独身の子どもが亡くなると、そのきょうだいが相続人になることがあるからです。

たとえば、後妻の子どもが独身のまま死亡すると、その財産を前妻の子どもが相続する可能性があります。親の離婚・再婚は、死後も子どもたちに影響を与え続けるということです。

佐藤義男さんの遺言書

遺言書

遺言者佐藤義男は、次の通り遺言する。

1．遺言者は、次男佐藤明（昭和 54 年 1 月 15 日生）に、以下の財産を相続させる。

（1）別紙一の不動産

2．遺言者は、遺言者の所有する以下の財産を、三男佐藤善朗（昭和 56 年 2 月 29 日生）に相続させる。

（1）良円銀行舟橋支店（口座番号 294327）にある預金債権のすべて

（2）株式会社ながおかプレスの株式すべて

3．遺言者は、遺言者の所有する以下の財産を、長男中井哲郎（昭和49 年 9 月 4 日生）に相続させる。

きらきら銀行田中町支店（口座番号 209348）にある預金債権のすべて

4．その他遺言者に属する一切の財産は、次男佐藤明に相続させる。

5．遺言者は、祖先の祭祀を主宰すべき者として、次男佐藤明を指定する。

6．遺言者は、遺言執行者として、次男佐藤明を指定する。

7．付言事項

母親は異なるが、三人とも私の大切な子どもたちだ。相続のことでもめたりせず、これまでどおり平穏な関係を続けてくれるように願っている。

令和 5 年 6 月 5 日

東京都練馬区田中町五丁目 37 番 22 号

遺言者　佐藤義男

（佐藤）

1/1

※パソコンで作成した目録や登記事項証明書の欄外に「別紙一」と書き、署名押印して添付します（P51参照）。

Case4

阿倍弘美さん(47歳)の場合

〈おひとりさまの遺産はどこへいく〉

めいとボランティア団体に遺産をあげたい

阿倍弘美さんは47歳。大学卒業後、大手メーカーに就職し、総合職としてバリバリ仕事をこなしてきました。いまは会社でもそれなりの評価を得て、多数の部下を抱える立場になっています。プライベートでも、友達と趣味や旅行を楽しむなど充実した生活を送り、シングルも結構いいものだと実感しています。しかし最近、職場の同僚が病気で急逝《きゅうせい》したことで、急に将来のことが不安になってきました。

先生、私みたいに独身で子どもがいない人が亡くなると、遺産が国のものになるって本当ですか？
阿倍弘美 47歳
突然どうしたの？
最近将来が気になっちゃって…
確かに相続人が誰もいないとそうなるけど、弘美さんはどう？
両親はもういなくて、きょうだいも亡くなりました。あ、でも兄と姉の子どもがいます。あの子たちが、私の相続人ですか？
兄の子ども
姉の子ども
由梨 (会社員) 28歳

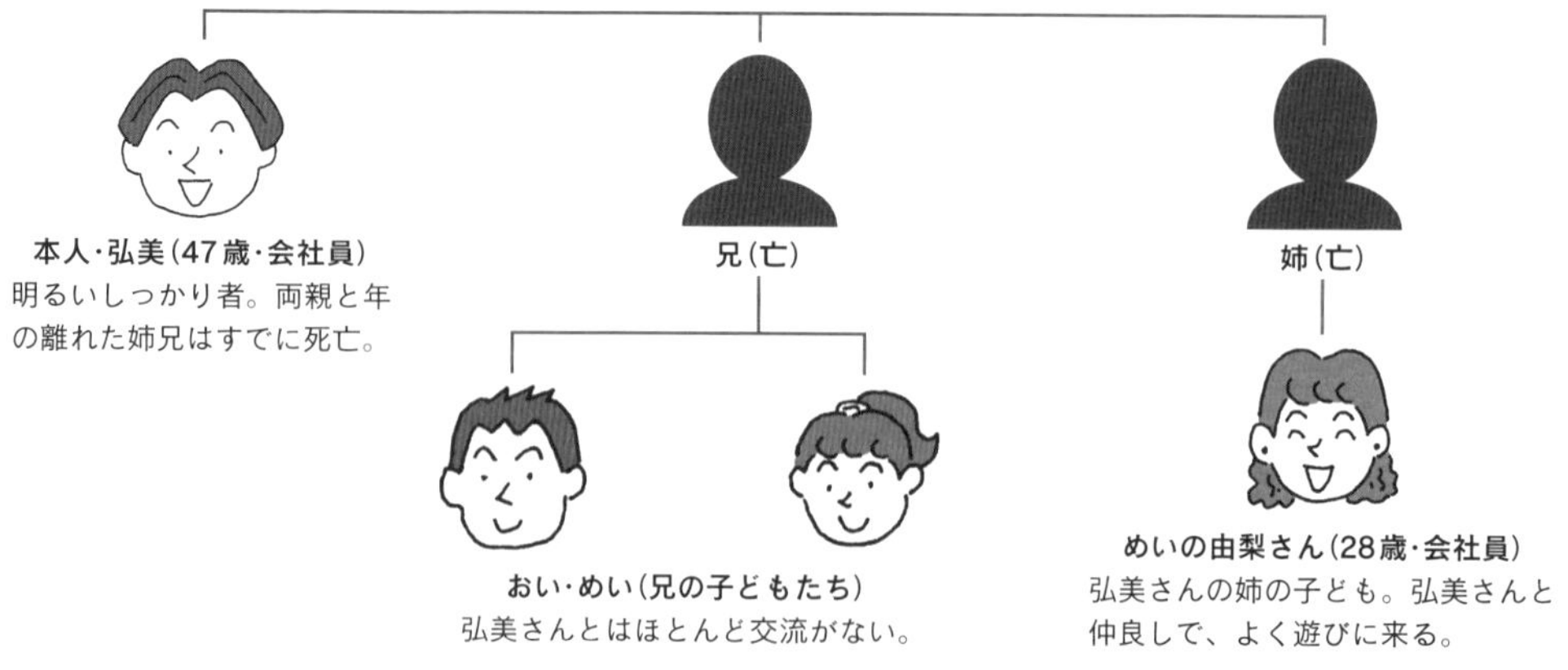

本人・弘美(47歳・会社員)
明るいしっかり者。両親と年の離れた姉兄はすでに死亡。
兄(亡)
姉(亡)
おい・めい(兄の子どもたち)
弘美さんとはほとんど交流がない。
めいの由梨さん(28歳・会社員)
弘美さんの姉の子ども。弘美さんと仲良しで、よく遊びに来る。

アドバイス

まだ若くても、将来の相続が気になるというシングルの人は多いものです。弘美さんは相続人であるおい、めいの３人に平等に財産を相続させるのではなく、特に親しいめいの由梨さんに財産をあげることにしました。不動産はないので、遺言書で預貯金などの財産を由梨さんに相続させ、現金の一部を普段からボランティアをしている団体に寄付することにしました。知り合いの弁護士に遺言執行者になってくれるように頼み、これでひと安心です。

事例4 阿倍弘美さん（47歳）の場合

お世話になった相手へのお礼や寄付を遺言書で

独身で子どものいない人が亡くなった場合、相続人や特別縁故者（下段参照）がいなければ財産は国庫に入ります。お世話になった人に財産をあげたいのなら、遺言書が不可欠です。

独身でも、親きょうだいが生存している場合は、彼らが相続人になります（P40参照）。弘美さんのように、親きょうだいがすでに亡くなり、おいめいが財産を相続するケースもあります。

しかし相続人がいる場合でも、友達や恋人など特定の人に財産をあげたい場合は遺言書をつくらなければなりません。このように相手が第三者の場合、遺言書では「相続させる」ではなく、「遺贈《いぞう》する」という言葉を使います。

また独身の場合、誰に財産をあげるかは、万一のときに誰の世話を受けるかにも関わってきます。遺言書がなければ、お世話を受けなかった相手にも、平等に財産をあげることになります。生前、お世話になった人や団体があれば、お礼や支援の気持ちをこめて遺贈を検討してはいかがでしょうか。

ポイント

遺言書は、こまめに見直して状況に合わせて変更しましょう

まだ若い人が遺言書をつくる場合、先行きが不透明なので、遺言の内容について迷いが生じるかもしれません。もしかすると将来結婚したり、反対に、親しい相手と決別するかもしれないからです。考えすぎると遺言書がつくれなくなるので、あくまでも現時点での状況をもとに作成し、状況が変わればこまめに内容を見直すようにするといいでしょう。

財産を所属団体や出身校、市町村などに寄付したい場合は、不動産など財産の内容によっては受け付けてくれない場合も。事前に問い合わせたほうが安心です。

▼特別縁故者になりそうな人がいれば

特別縁故者は、亡くなった人と生計が同一だったり、療養看護に努めるなど特別な関係があった人で、相続人がいない場合に国に請求すれば遺産をもらえる立場の人です。しかし、請求して財産をもらえるまで一年程度かかり、請求することを遠慮する人もいることを考えると、遺言書をのこしてあげた方が確実です。

阿倍弘美さんの遺言書

遺言書

遺言者阿倍弘美は、次の通り遺言する。

1．遺言者は、遺言者の所有するすべての財産を換価換金処分のうえ、葬式費用等の諸費用を差し引いた残額を、次の者に次の通り遺贈しまたは相続させる。

（1）財団法人ぐるーぷ·わーく（千葉県千葉市緑区高東町1丁目3番地　代表理事田中太郎）に金50万円を遺贈する。

（2）上記（1）の遺贈後の残金は、遺言者の亡き姉の子である大崎由梨（平成3年2月24日生）に相続させる。

2．遺言者は、遺言執行者として弁護士田中さゆり（東京都中央区硬居町2－3－3、昭和50年3月28日生）を指定する。

3．付言事項

由梨さん、今までいろいろとありがとう。おばさんは天国からあなたの幸せを見守っています。時々はお墓参りに来てちょうだいね。

令和5年1月17日

千葉県千葉市中央区なぎさ台2丁目2番5号　ロイヤルマンション407

遺言者　阿倍弘美

阿倍

1/1

Case5

高橋敏江さん（75歳）と牛島春子さん（78歳）の場合

高橋敏江75歳
遺言書って、男の人がつくるものだから私たちには関係ないわね
牛島春子78歳
そうそう。うちはもうダンナが亡くなっているから気楽でいいわ
そういうわけでもないですよ。女性でも遺言書が必要になることが結構あるんです
えっ、どうして?
だって、私は専業主婦だし、自分名義の預貯金なんてほとんど持ってないわよ
マイホームを買われたとき、ご主人と共有にしませんでしたか?

〔主婦にも遺言書は必要？〕

夫の遺産を子どもたちにスムーズに引き継がせたい

高橋敏江さんと牛島春子さんは、近所の福祉施設で知り合って意気投合。しょっちゅう談話室でおしゃべりしています。敏江さんは、ご主人と二人暮らし。子どもは3人です。春子さんはご主人が亡くなってから、独身の次男と暮らしていますが、なかなか就職先が見つからない次男のことが心配でたまりません。敏江さんも春子さんも、「遺言書は男が書くもの」で、自分には縁のないものと考えています。

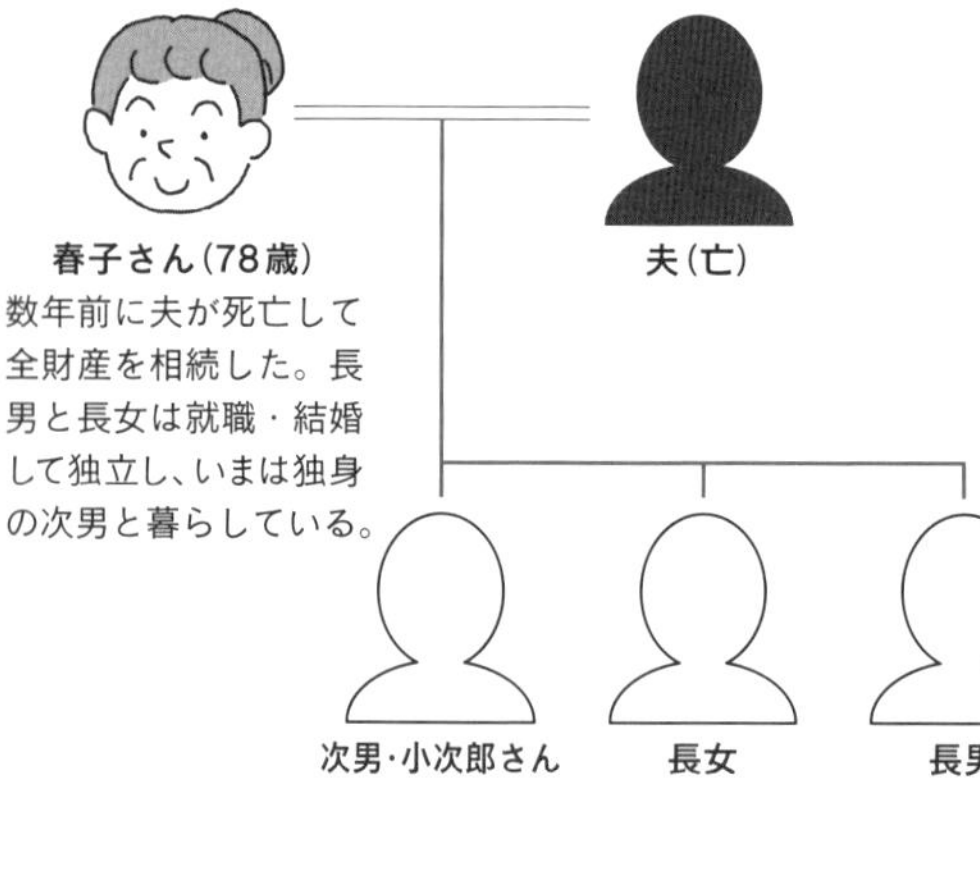

春子さん（78歳）
数年前に夫が死亡して全財産を相続した。長男と長女は就職・結婚して独立し、いまは独身の次男と暮らしている。
夫（亡）
次男・小次郎さん
長女
長男

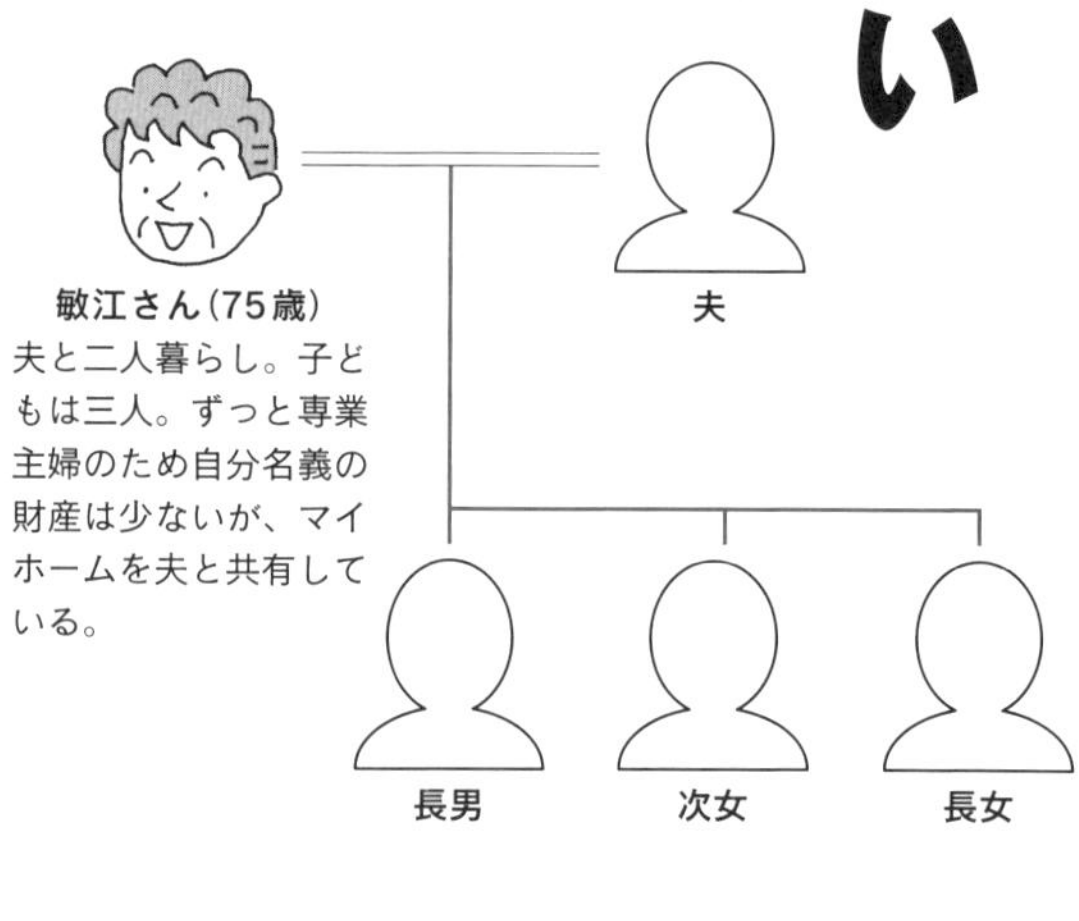

敏江さん（75歳）
夫と二人暮らし。子どもは三人。ずっと専業主婦のため自分名義の財産は少ないが、マイホームを夫と共有している。
夫
長男
次女
長女

そういえば、独身時代の貯金で頭金を払ったから、3割を私の持分にしたっけ
不動産の共有持分も、立派な相続財産なんです。もし敏江さんが亡くなったら、それは遺産分割協議の対象になるんですよ
そうなの。まさか、子どもたちはもめないと思うけど…
遺言書があったほうが、ご主人も安心なんじゃない？
春子さんも人ごとじゃないですよ。確か、ご主人が亡くなったあと、財産を相続されましたよね？
えっええ…自宅と、預貯金を
もし春子さんに何かあったら、お子さんたちにどう分けるつもりですか？
まだ独身の末っ子（次男）が心配だから、せめて住む場所は残してあげようと…
それじゃ、遺言書をつくらないといけないですね
特に、ご両親がともに亡くなると、子どもたちの抑えがきかなくなって相続争いになりがちです
子どもたちには仲良くしてほしいから、遺言書をつくるわ
うんうん

アドバイス

遺言書は自分には関係ないと思っていた敏江さんと春子さん。でも意外と、女性でも遺言書が必要なケースは多いものです。特に、春子さんのように妻が夫の遺産を相続しているケースでは、子どもたちがもめないように遺言書の準備をしてあげたほうが望ましいといえます。両親がともに亡くなってしまうと、のこされた子どもたちの抑えがきかなくなり、さらに子どもたちの配偶者や親戚も加わって、もめやすくなるからです。

事例5 高橋敏江さん(75歳)と牛島春子さん(78歳)の場合

自分名義の財産があれば、女性も遺言書を

遺言書というと、父親や夫など「男性のもの」というイメージがありますが、決してそうではありません。女性でも、預貯金や不動産の共有持分など自分名義の財産があれば、遺言書があったほうがいいのです。特に、夫の遺産を相続した春子さんのようなケースでは、その遺産を誰に相続させるのか遺言書で指定しておかないと、子どもたちがもめる原因になります。

このような場合に、短絡的に「長男だから」という理由で全部長男に相続させたりすると、遺留分をめぐってもめることになるので、なるべく子どもたち全員に公平になるように(最低限、遺留分を侵害しないように)遺産の配分を考えましょう。

完全に公平にすることは無理でも、全員が納得できる遺産わけの理由を「付言事項」で示せば、公平感を与えられます。たとえば、長男には住宅資金や結婚資金を援助したので、長女にそのぶん多めに相続させるとか、長年介護してくれた独身の次女に自宅をのこすので了解してほしいといった内容です。

ポイント

遺言書の内容は、子どもに知らせないほうが安全

遺言書をつくるときは、なるべく子どもたちに内容を知られないようにしましょう。内容に不満をもった子どもが、親に書き換えを迫ったり、将来どうせ遺産をもらえるんだからと慢心して親の面倒を見なくなるおそれがあるからです。

もし、子どもとは信頼関係が築けているので、遺言書の内容は子どもと相談して決めたいという場合は、それでもかまいません。その場合は、事情が変われば遺言書はいつでも書き換えられることを、子どもに伝えておいたほうがいいでしょう。

▼相続争いに、財産の額は関係ない

「私は財産があまりないから遺言書なんて」と思う女性が多いかもしれませんが、相続争いに財産の多寡は関係ありません。また、遺言書があれば遺族の相続手続きの負担を軽くできるメリットもあります。さらに、公正証書遺言(P56参照)にする場合、財産が少ないほど手数料も少なくてすむので、積極的に利用しましょう。

牛島春子さんの遺言書

遺言書

遺言者牛島春子は、次の通り遺言する。

1．遺言者は、遺言者の所有する以下の財産を、遺言者の次男牛島小次郎(昭和49年5月5日生)に相続させる。

（1）土地　所在／神奈川県横浜市中区中山上町四丁目　地番／12番4
地目／宅地　地積／87.23平方メートル

（2）建物　所在／神奈川県横浜市中区中山上町四丁目2番地4
家屋番号／12番4の2　種類／居宅　構造／木造スレート葺2階建て
床面積／1階77.24平方メートル、2階60.99平方メートル

2．遺言者は、別紙一の預貯金を長男牛島太一郎(昭和44年12月3日生)に5分の2、長女佐藤あゆみ(昭和47年1月7日生)に5分の2、次男牛島小次郎に5分の1の割合で相続させる。

3．遺言者は前記1．2に記載以外の財産の一切を次男牛島小次郎に相続させる。

4．遺言者は、祖先の祭祀を主宰すべき者として、長男牛島太一郎を指定する。

5．遺言者は、遺言執行者として弁護士藤井勝則(東京都中央区あかつき町1－2－3、昭和47年7月1日生)を指定する。

6．付言事項
太一郎とあゆみは就職・結婚しましたが、小次郎だけが心配です。最低限の暮らしはできるように、小次郎に家をのこすことにしました。みんな了解してください。

令和5年2月11日

神奈川県横浜市中区中山上町四丁目2番4号

遺言者　牛島春子　（印：牛島）

1/1

※預貯金通帳の銀行名、支店名、口座名義、口座番号が書かれたページを1枚コピーして、上に「別紙一」と書き、下に署名押印します。

【こんなときどうする？❶】

事実婚のパートナーに財産をのこしたい

●相談者のプロフィール●
松崎昭一さん（59歳）
内縁関係にある女性と同居して7年目。

Q 私たちは長年、夫婦同然の暮らしをしてきましたが、いろいろな事情があり入籍していません。もし相手が亡くなったら、お互いに財産を相続する権利はあるのでしょうか。

A 残念ながら、入籍していないパートナーには相続権がありません。故人に親きょうだいなどの相続人がいなければ、のこされたほうは「特別縁故者」（P28参照）として国に請求すれば財産を分けてもらえる可能性がありますが、確実ではありません。今後も入籍の予定がないのなら、お互いに財産を遺贈するという内容の遺言書をつくったほうが安心です。

なお、パートナーの相続人がきょうだいやおいめいだけなら、彼らには遺留分がないので、あとで遺留分を請求されるおそれはありません。

遺言書

遺言者松崎昭一は、次の通り遺言する。

1．遺言者は、内縁の妻である品川綾乃（東京都港区海川1丁目7番9号、昭和45年1月19日生）に遺言者の所有する一切の財産を遺贈する。

2．遺言執行者として沢村章（弁護士、東京都中央区田所3丁目6番11号、昭和50年12月30日生）を指定する。

3．付言事項

綾乃とは、未入籍とはいえ長年にわたり夫婦同然の生活をしてきました。これから先、私に何かあっても綾乃が平穏に暮らせるように、私の財産をのこすことにしました。弟の大輔と妹の佑子は、どうか理解してこれからも綾乃を温かく見守ってあげてください。

※最後に日付・住所・氏名を書いて捺印してください（「遺言書の書き方ガイド」P10参照）。

※第三者への遺贈は、トラブルを防ぐために、なるべく公正証書遺言にしましょう。

【こんなときどうする？❷】

将来、相続人が亡くなった場合に備えたい（予備的遺言）

●相談者のプロフィール●
平田淳二さん（69歳）
妻との間に子どもはいない。独身の友人のことを気にかけている。

Q 妻が財産を相続するように遺言するつもりですが、もし私よりも妻のほうが先になくなったら、どうなるのですか？ その場合は、その分を友人にあげたいのですが。

A 遺言は無効になるので、あらたに遺言書を書き直す必要があります。
ただ、もしかするとそのとき、あなたが高齢や判断能力の低下により、あらたに遺言書がつくれない状態になっているかもしれません。それが不安なら、あらかじめ遺言書をつくる際に、もしも奥様が亡くなった場合に財産をあげる相手を指定しておくといいでしょう。これを「予備的遺言」といいます。そうすれば将来、あらたに遺言書をつくり直す必要はありません。

遺言書

遺言者平田淳二は、次の通り遺言する。

1．遺言者は、全財産を妻である平田亜津子（東京都三鷹市公園通2丁目11番7号、昭和29年3月8日生）に相続させる。

ただし、妻亜津子が遺言者の死亡以前に死亡した場合は、同人に相続させるとした財産は、遺言者の友人である木津純一（東京都武蔵野市寿町1丁目3番4号、昭和37年5月25日生）に遺贈する。

※最後に日付・住所・氏名を書いて捺印してください（「遺言書の書き方ガイド」P10参照）。

【こんなときどうする？❸】

素行の悪い相続人に、財産をあげたくない（廃除したい）

●相談者のプロフィール●
沢田順市さん（65歳）
同居している独身の長男の素行が悪く、悩んでいる。

Q 私たち夫婦の長男は中学時代から素行が悪く、今では私たちに毎日のように暴言を吐き、暴力を繰り返しています。この子に財産をあげないように遺言したいのですが、子どもには最低限のこされる権利（遺留分）があると聞きました。どうすればいいでしょうか。

A 一銭も財産をあげたくないのであれば、長男を遺言書で「廃除」するように希望して、家庭裁判所で認められれば、遺留分を奪うことができます。その場合は、非行の内容を具体的に書いたうえで、遺言執行者を定める必要があります。ただ、確実に廃除したい場合は、生前のうちに申し立てたほうがいいでしょう。
なお、きょうだい（おいめいを含む）は遺留分がないので廃除できません。

遺言書

遺言者沢田順市は、次の通り遺言する。

1．遺言者の長男沢田祐樹（昭和55年2月2日生）は、父親である遺言者に20年以上にわたり罵詈雑言を浴びせ、暴力を振るうなどの虐待を繰り返しているので、遺言者は長男沢田祐樹を廃除する。

2．遺言執行者として沢村章（弁護士、東京都中央区田所3丁目6番11号、昭和50年12月30日生）を指定する。

※このほかに、誰に財産を相続させるかを書いた上で、最後に日付・住所・氏名を書いて捺印してください（「遺言書の書き方ガイド」P10参照）。

【こんなときどうする？❹】

子どもに私の事業を引き継いでほしい

●相談者のプロフィール●
佐々野友太郎さん（70歳）
事業経営者。長男は事業を引き継ぐことを同意している。

Q 長年私ひとりで経営してきた事業を、私の死後、長男に引き継がせたいと思っています。次男と長女は経営に参加していません。この場合、どのように遺言をすればいいのでしょうか。

A 個人事業の場合、事業用の財産も含めてすべてが個人財産として相続されることになります。遺言書がなければ事業用の財産が分散してしまい、事業の存続が難しくなる可能性があります。不動産など、事業の存続に不可欠な資産があれば後継者に相続させるように遺言しましょう。他の相続人には、遺留分担当の預貯金を相続させたり、生前贈与をして生前のうちに遺留分を放棄してもらうなどの対策が必要です。なお、事業承継には税金の問題がからむ場合が多いので、事前に税理士に相談したほうがいいでしょう。

遺言書

遺言者佐々野友太郎は、次の通り遺言する。

1．遺言者は、遺言者の所有する次の財産を長男佐々野宏和（昭和54年11月3日生）に相続させる。

（1）土地　（2）建物　（3）預貯金　※具体的に記入する（「遺言書の書き方ガイド」P10参照）。

2．遺言者の所有する以下の金融資産は、遺言執行者をして換価換金処分のうえ、その換価代金を次男佐々野寛司（昭和56年7月14日生）に2分の1、長女馬場文子（昭和58年10月10日生）に2分の1の割合で相続させる。　※預貯金など金融資産の内訳を書く。

3．上記1および2以外のすべての財産を長男佐々野宏和に相続させる。

4．遺言執行者として但野光正（弁護士、東京都大田区羽生7丁目1番9号、昭和42年12月4日生）を指定する。

5．付言事項　これまで長年労苦を共にしてきた長男に、事業を継いでもらうことにした。ほかの子どもたちには長男の事業運営を見守ってもらいたい。

※最後に日付・住所・氏名を書いて捺印してください（「遺言書の書き方ガイド」P10参照）。

遺言書の基礎知識❶

「遺言書」に書けること・書けないこと

遺言書には、何を書いてもいいわけではありません。中には、書いても法的効力（遺族への強制力）がないものもあります。法的効力があるのは、次のようなものです。

★相続・財産の処分について★

【遺産のわけ方】

「不動産は妻に、預貯金は長女に相続させる」というように、遺産分割方法を指定できます。また、第三者に財産を遺贈したり、福祉団体などに寄付することもできます。ただし、相続人の最低限の権利である遺留分（P44参照）に注意しましょう。

【相続分の指定】

妻と子どもが2分の1ずつ相続する権利があるような場合でも、「妻に全部」というように割合を変更できます。

【負担付遺贈】

財産をあげるかわりに、何らかの条件をつけられます。たとえば、「私の死後、○○をあげるかわりに、ペットの猫の世話をしてほしい」などです。

【遺産分割の禁止】

5年を超えない範囲で、遺産分割を禁止できます。その間、遺産は相続人の共有になります。

[遺言執行者の指定]

遺言書の内容を、確実に執行するために、弁護士や配偶者、成人した子どもなどを遺言執行者に指定できます。

[生命保険の受取人の指定又は指定の変更]

保険法の変更により、保険契約者が遺言で保険金の受取人を変更できるようになりました（詳しくは、加入している保険会社に問い合わせてください）。

[祭祀の主宰者]

先祖代々の墓地や仏壇を引き継ぎ、遺骨の管理などをする人を指定できます。

★家族関係について★

[子どもの認知]

認知により、婚姻関係にない男女の間で生まれた子どもと、父親の間に法律上の親子関係を発生させられます。認知すると、子どもは相続人としての権利を得て、財産を相続できます。

[子どもの廃除、廃除の取り消し]

遺言者の生前、暴力をふるったり、暴言を吐くなどして、ひどく素行の悪い人を、家庭裁判所で相続人から廃除するとの審判を受けて、相続人でなくならせることができます。

[未成年後見人などの指定]

自分の死後、未成年の子どもの世話や財産管理する人を指定できます。

これ以外のことを書きたいときは？

葬儀の内容など具体的なことは、遺言書の中に書くのではなく、別途、エンディングノートや手紙で書き残すといいでしょう。いずれも法的効力はありませんが、遺族があなたの意思を尊重してくれる可能性があります。

遺言書の基礎知識❷

あなたの法定相続人は誰？

遺言書を書く前に、誰があなたの法定相続人（法律で決められた相続人）なのか確認しましょう。離婚や死別などで相続関係が複雑な人は、一度、戸籍謄本で確認したほうがいいでしょう。

配偶者

配偶者は必ず相続人になります。ただし、未入籍の場合は除きます。

配偶者以外の人については、次の順位で相続人になります。
先順位の人がいれば、それ以降の人は相続人になりません。たとえば第一順位の子どもがいれば、第二、第三順位の父母やきょうだいは相続人になりません。

ケーススタディ

あなたの法定相続人は？

●**配偶者と子どもがいる人は…**

配偶者と子ども

※子どもが亡くなっているときは、孫

●**配偶者がいて、子どもがいない人は…**

配偶者とあなたの父母（または祖父母）

●**配偶者がいて、子どもや父母・祖父母がいない人は…**

配偶者とあなたのきょうだい

※きょうだいが亡くなっているときは、おいめい

●**独身の場合**

父母がいれば父母（または祖父母）。いなければ、きょうだい

※きょうだいが亡くなっているときは、おいめい

第一順位 子ども

養子や認知された子どもを含みます。子どもが死亡している場合は、孫が第一順位になります。

第二順位 父母

養父母を含みます。配偶者の親は相続人になりません。父母がともに死亡している場合は、祖父母が相続人になります。

第三順位 きょうだい

片親が異なるきょうだいを含みます。死亡したきょうだいがいるときは、その子ども（おいめい）が相続人になります。

【法定相続人の範囲】

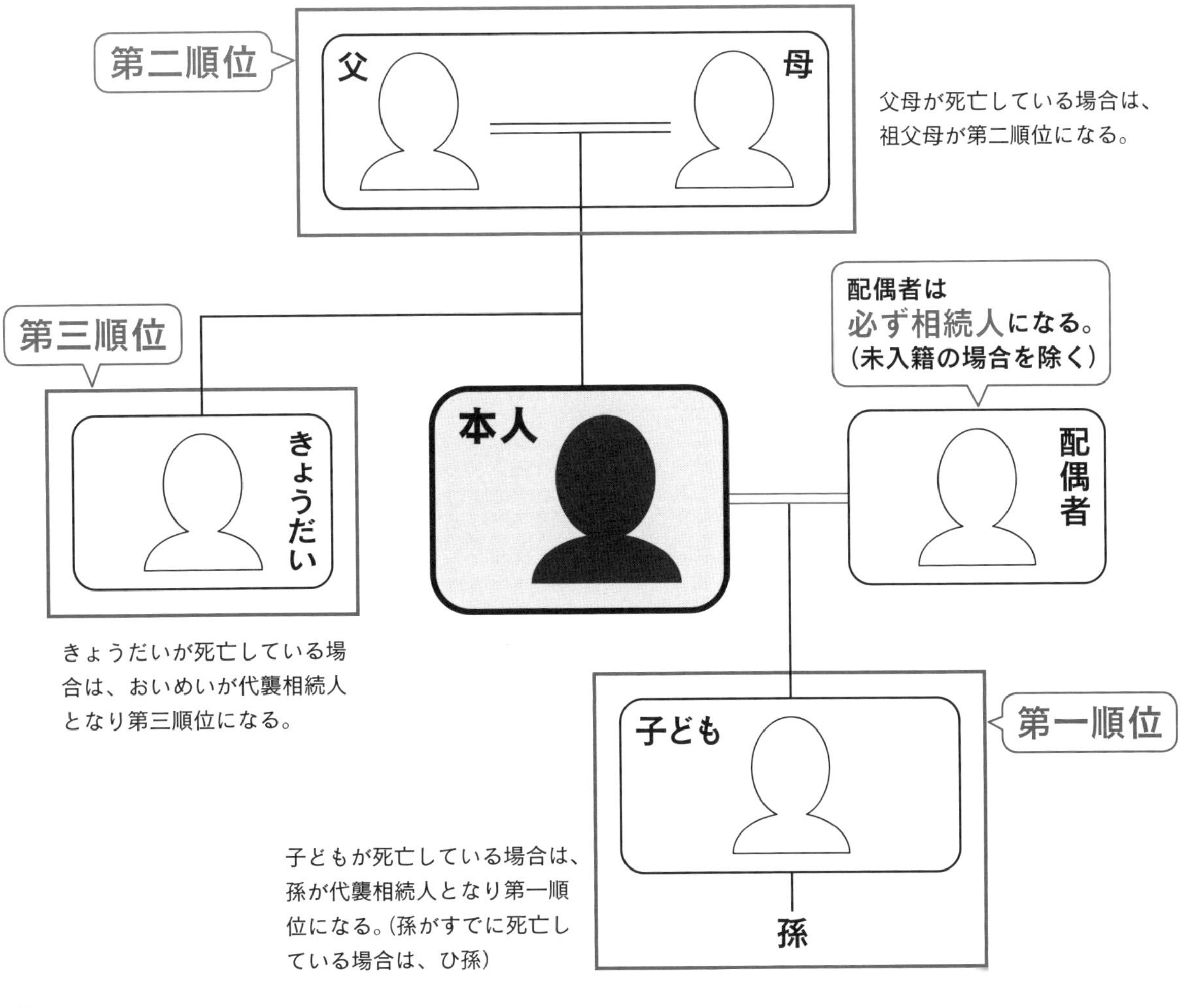
第二順位
父
母
父母が死亡している場合は、祖父母が第二順位になる。
第三順位
きょうだい
本人
配偶者は必ず相続人になる。(未入籍の場合を除く)
配偶者
きょうだいが死亡している場合は、おいめいが代襲相続人となり第三順位になる。
子ども
第一順位
子どもが死亡している場合は、孫が代襲相続人となり第一順位になる。(孫がすでに死亡している場合は、ひ孫)
孫

遺言書の基礎知識❸

「法定相続分」と「遺留分」とは

法定相続分

法律上、相続人が遺産を相続できる割合です。
法定相続分は、次の図のように、相続人の組み合わせによって異なります。

★配偶者と子ども

配偶者と子どもが、½ずつ相続します。子どもが複数いる場合は、相続分の½を等分します。たとえば配偶者と子ども2人の場合、子どもの相続分は¼ずつです。

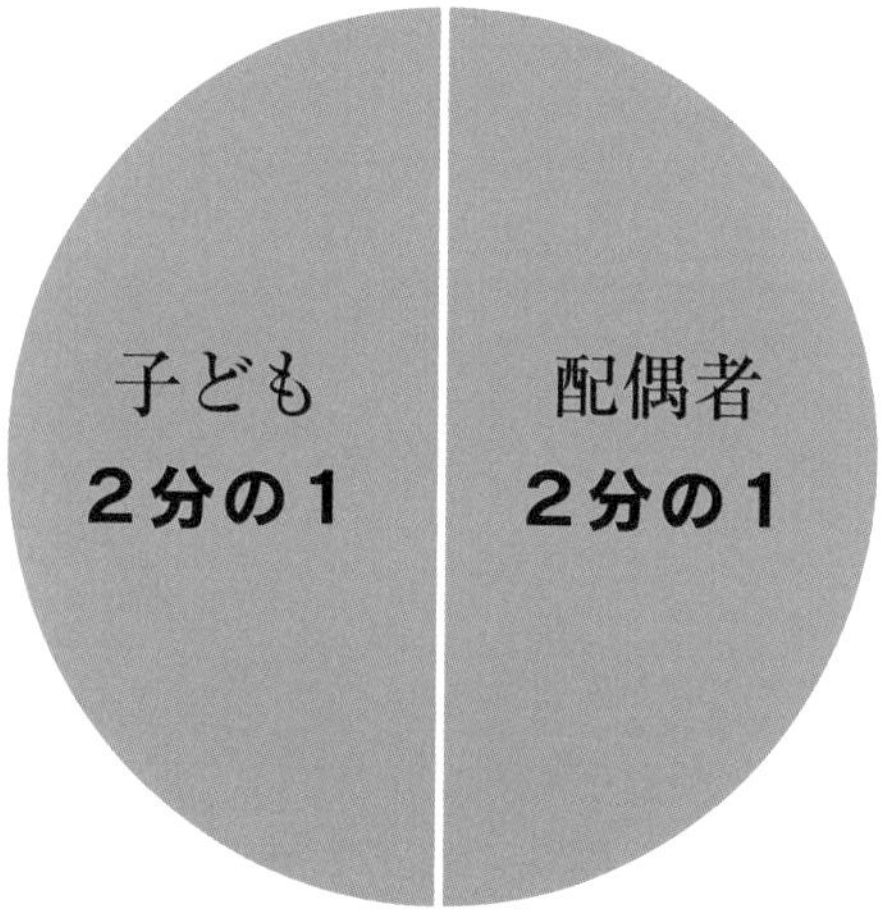
配偶者
2分の1
子ども
2分の1

自分の相続人が誰か、正確に把握していない人は多いものです。図を見てよく確認しましょう。

★配偶者と父母

配偶者が2/3、父母（父母がいない場合は祖父母）が1/3を相続します。父母（祖父母）が複数いる場合は、相続分である1/3を等分します。

★配偶者ときょうだい

配偶者が3/4、きょうだい（きょうだいが死亡していればおいめい）が1/4を相続します。きょうだいが複数いる場合は、相続分である1/4を等分します。

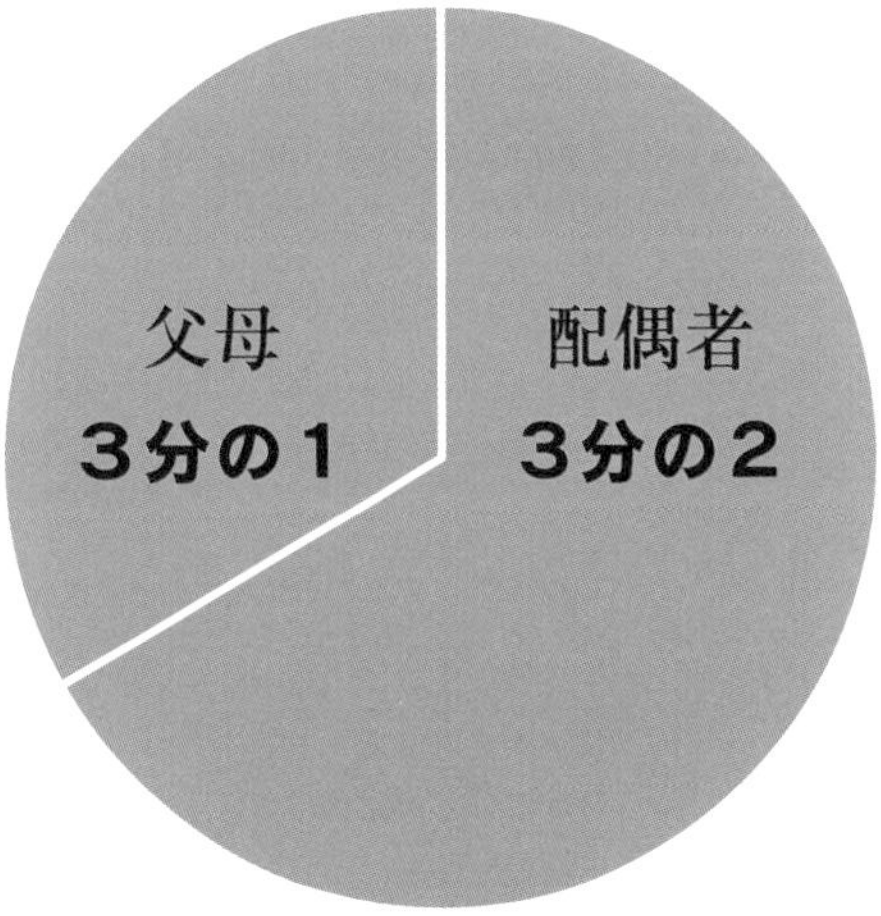
配偶者
３分の２
父母
３分の１

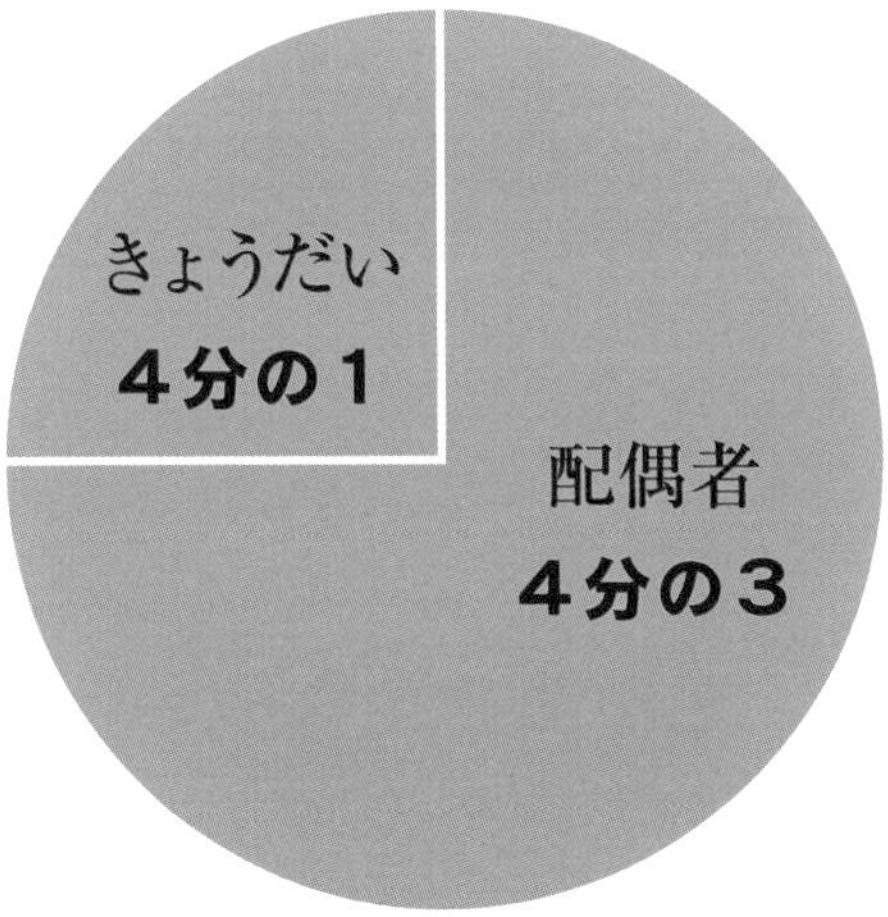
きょうだい
４分の１
配偶者
４分の３

★配偶者が死亡し、子どもがいる

子どもが１００％相続する。

★独身で、父母がいる

父母（父母がいない場合は祖父母）が１００％相続する。

★独身で、父母・祖父母が死亡し、きょうだいがいる

きょうだい（きょうだいが死亡していればおいめい）が１００％相続する。

遺留分

全財産を第三者に相続させる、というように法定相続分を無視した遺言をしても、相続人には最低限、遺産を相続できる権利がのこされています。それを「遺留分《いりゅうぶん》」といいます。

遺留分は相続人の組み合わせによって異なります

たとえば、第三者に全財産を遺贈した場合、配偶者と子どもの遺留分は下図のとおりです。

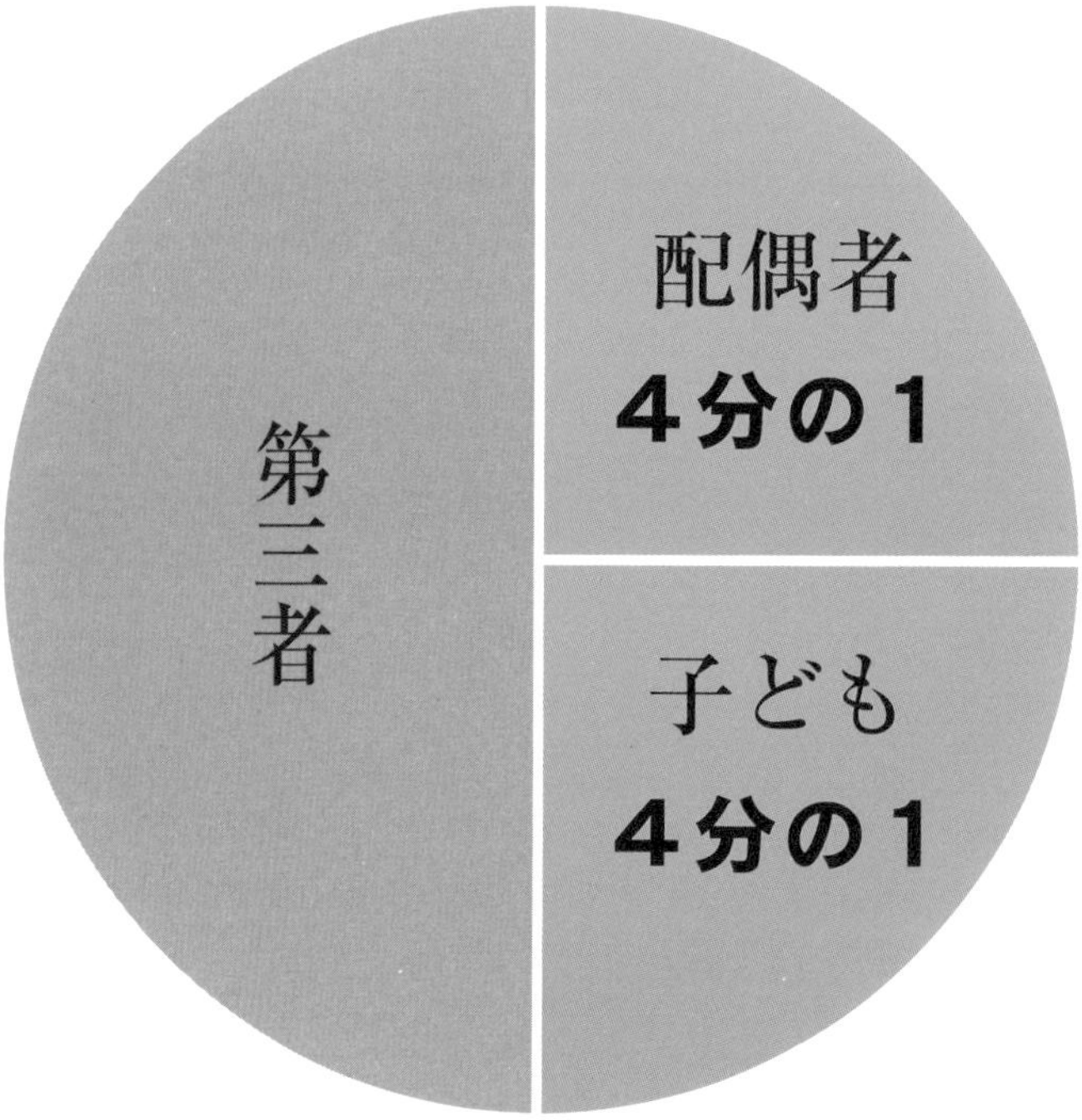

法改正により、遺留分減殺《いりゅうぶんげんさい》請求権《せいきゅうけん》は「遺留分侵害額請《いりゅうぶんしんがいがくせい》求権《きゅうけん》」に変わり、財産を共有するのではなく金銭で支払われることになりました。

【遺産の総額に対する遺留分の割合】

配偶者のみ	２分の１
子どものみ	２分の１
父母のみ	３分の１
きょうだいのみ	なし
配偶者と子ども	配偶者　４分の１、子ども　４分の１
配偶者と父母	配偶者　３分の１、父母　６分の１
配偶者ときょうだい	配偶者　２分の１、きょうだい　なし

遺留分を侵害しても遺言書は無効になりません

遺言書に書かれたことは、そのまま実行できます。ただし、遺留分を侵害された人が不満を抱いて、あとで他の相続人に「遺留分の侵害額請《しんがいがくせい》求《きゅう》」（Ｐ60参照）をする可能性があります。

この請求ができるのは、その人が相続発生と遺留分の侵害を知ってから1年以内（知らない場合は、相続開始から10年）という制限があります。

遺言書の基礎知識❹

「誰に何をあげるのか」を決める

遺言書を書くときに一番難しいのは、誰に何をあげるのかを決めることです。いくつかの考え方のポイントをご紹介します。

ポイント❶

一番の「気がかり」を優先する

なぜ、あなたは遺言書をつくろうと思ったのでしょうか。一番大切なことは、その「気がかり」を解決することです。他の人とのバランスを考えるのは、その後です。

ポイント❷

家族がいまの生活を続けられるようにする

たとえば、あなたと同居している人があなたの死後もそのまま住み続けられるように自宅を相続させるとか、経済的な面倒をみている相手に預貯金をのこしてあげるといったことです。

ポイント❸

不動産はなるべく共有させない

しばらくは問題がなくても、将来、相続人が結婚したり、死亡したりして相続関係が複雑になると、不動産の売却や維持管理をめぐってトラブルがおきやすくなります。

ポイント4

もらった相手が困らないか考える

都会暮らしの子どもに田舎の不動産をあげても、維持費用がかかるだけで困るかもしれません。また、株式投資をしたことのない配偶者が株式をもらっても、売りどきを逃して損をする可能性があります。相手の生活を考慮して、適当なものを相続させるようにしましょう。

ポイント5

遺留分に配慮する

特定の人に多めに相続させる場合は、なるべく他の相続人にも遺留分にあたる額を相続させたり、生前贈与などでバランスをとりましょう。どうしてもあげたくない相手は、廃除（P36参照）して遺留分を奪うことも考えられます。

ポイント6

相続人に公平感を与える

これまでの人間関係や援助額などを考えて、ふさわしい額を相続させましょう。完全に公平でなくても、公平感を与えることで争いがおきにくくなります。「付言事項」として、そのような遺言をした理由を書くことも大切です。

ポイント7

相続税についても配慮する

財産を相続した人が高額な税金を払わなくてすむように配慮しましょう。孫への教育資金を生前贈与すると、贈与税がかからない制度もあります。平成27年以降は相続税の基礎控除額が縮小され※、これまで税金がかからなかった家庭でも課税されるケースが出てきました。

※基礎控除額の変更（例:相続人が3人の場合は、遺産が4800万円までなら相続税がかかりません）

【改正前】	【改正後】
5000万円＋（1000万円×法定相続人の数）	3000万円＋（600万円×法定相続人の数）

遺言書の基礎知識⑤

財産の書き方

遺言書には、すべての財産を個別に書く必要はありません。主に、不動産や預貯金など名義変更が必要な財産について書き、後はまとめて特定の人に相続させるといった方法もあります。

全財産を特定の人に相続させる場合

「全財産を妻に相続させる」といった、シンプルな書き方でも、遺言は有効です。

ただ、別居している相続人が死後、遺言者の財産を特定することが難しそうな場合は、不動産や預貯金など、主な財産の内訳を書いたほうがいいでしょう。

●一番シンプルな遺言書

遺言書

遺言者池田明夫は、遺言者の所有する全財産を妻池田文子（昭和22年5月1日生）に相続させる。

令和5年3月13日

東京都北区江ノ木1－2－3

池田明夫 （池田）

全財産を割合で相続させる場合

「全財産をAとBに2分の1ずつ相続させる」というように、割合で指定することもできます。

しかし、誰が何をもらうのか結局話し合い(遺産分割協議)で決めることになるので、もめる原因になります。なるべく、各人に特定の財産を指定するようにしましょう。

預貯金など金融資産の書き方

預貯金や有価証券などの金融資産は、個別あるいは、口座ごとに相続させることもできるし、死後すべて換金して割合で相続させることもできます。口座残高は変動するので、なるべく具体的な金額は書かないほうがいいでしょう。

ただ一部の金融機関では、遺言書があっても、相続人全員の同意がなければ相続手続きができない場合があります。心配なら、事前に金融機関に確認しましょう。弁護士を遺言執行者にすると、スムーズに手続きできる場合もあります。

❶口座ごとに誰に相続させるかを書く場合

遺言書

遺言者中村義一は、次の通り遺言する。

1.遺言者は、長男中村徹郎(昭和45年1月3日生)に遺言者名義のながおか銀行駅前支店(口座番号 012345)の預金債権のすべてを相続させる。

〜以下略〜

❷すべて換金して数人で相続させる場合

遺言書

遺言者斉藤航一郎は、以下の預金及び株式を含むすべての金融資産を換価換金処分のうえ、妻斉藤昭子、長男斉藤純一、次男斉藤努に各3分の1の割合で相続させる。

(1)遺言者名義の預金

ながおか銀行練馬支店(口座番号 012345)

(2)遺言者名義の株式

株式会社斉藤工業(本社所在地〇〇〇〇)の株式すべて

〜以下略〜

※各人の氏名の後に生年月日を記載するとよい。

不動産の書き方

相続手続きのために、遺言書には通常の住所ではなく、登記簿上の所在地を正確に書く必要があります。

不動産を他の人と共有している場合は、不動産の所在地などを書いたあとに、「遺言者の共有持分一切」と書くといいでしょう。

また、不動産を死後、換価処分してから相続するように遺言することもできますが、売却に時間がかかったり、売却できない可能性もあることに留意しましょう。

●遺言書にパソコンで作成した目録を付ける場合の例

遺言書

1．私は、私の所有する別紙目録第１記載の不動産を、長男山田太郎（昭和 44 年 5 月 1 日生）に相続させる。

2．私は、私の所有する別紙目録第２記載の預貯金を、次男山田二郎（昭和 46 年 2 月 12 日生）に相続させる。

3．私は、私の所有する別紙目録第３記載の株式を、長女山田花子（昭和 48 年 11 月 9 日生）に相続させる。

～以下略～

別紙

目録

第１　不動産
　１　土地
　　所在　東京都武蔵野市青町三丁目
　　地番　２番３
　　地目　宅地
　　地積　８５．１１平方メートル
　２　建物　（以下略）

第２　預貯金
　１　いきいき銀行江古田支店　普通預金　口座番号１２３４５６
　２　ゆうちょ銀行　通常貯金　記号１２３４　番号５６７８

第３　株式
　１　株式会社ながおか出版　１万株

山田一郎 （山田）

※遺言書は全文手書きし、物件等目録はパソコンで作成（署名のみ手書き）した場合。

財産目録は手書きでなく、パソコン作成でも認められる

遺言書に書く財産のうち、特にマンションは記載内容が複雑で、手書きだとミスをしやすくなります。

法改正により財産目録は手書き以外でも良くなったので、法務局で登記事項証明書をとって添付するといいでしょう。預貯金や株式もパソコンで一覧表を作れば簡単です。

ただし、全ページに署名押印することを忘れないようにして下さい（「遺言書の書き方ガイドP13参照）。

財産目録

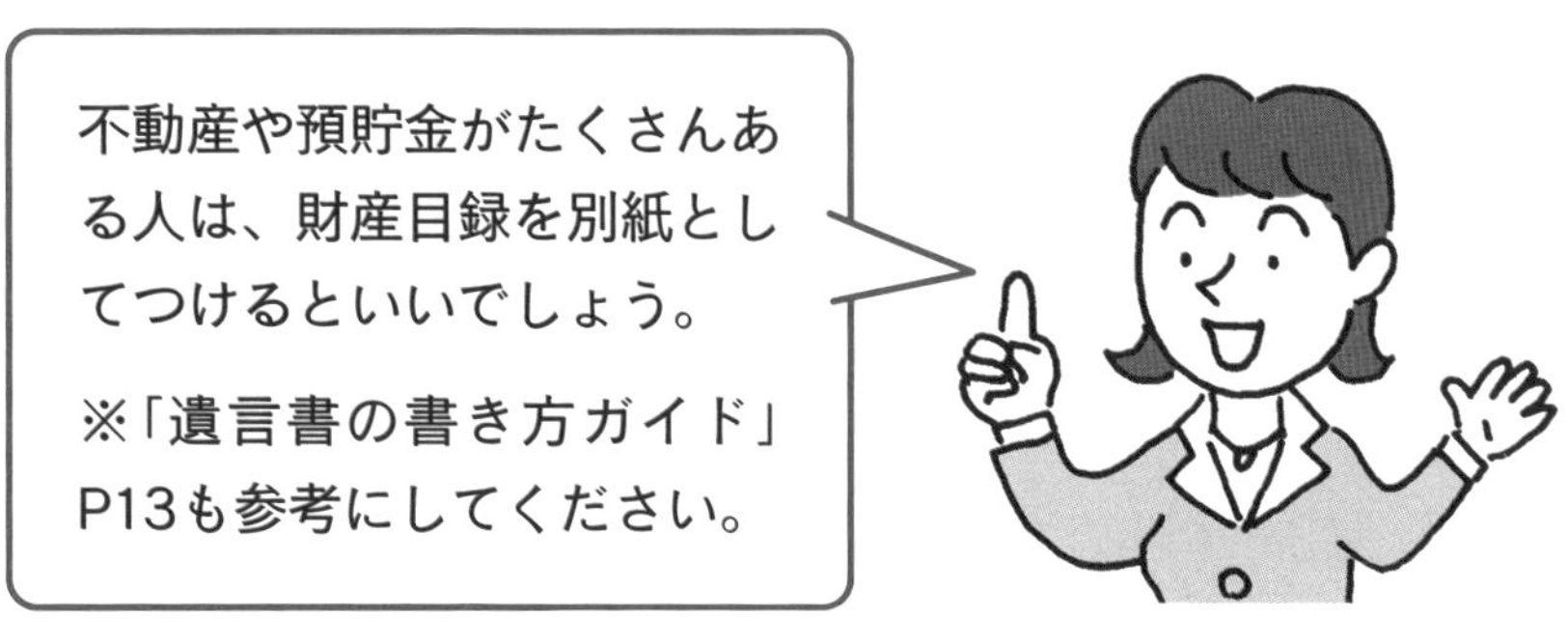
不動産や預貯金がたくさんある人は、財産目録を別紙としてつけるといいでしょう。
※「遺言書の書き方ガイド」P13も参考にしてください。

確実に実行できるようにする

せっかく遺言書をつくっても、実行されないケースは意外と多いものです。遺言書が無効だと分かったら、かえってトラブルのもとになりかねません。

形式面のポイント

●字はていねいに書きましょう

遺言書を開封したら字が読めなかった、ということにならないよう、字は一つ一つていねいに書きましょう。

●遺言書は、なるべくシンプルに

思いのままにたくさん書きつらねると、肝心の遺産分けについて正確に書いていないということになりがちです。

また、自筆証書遺言は訂正方法が難しいので、書きすぎると、間違えてつくり直すはめになる可能性が高くなります。

●財産をあげる相手の氏名や住所、生年月日は正確に

家族でも愛称や略称は禁物。また、第三者に遺贈する場合は、相手の名前だけでは遺族が誰だかわからず、遺言が実現できないかもしれません。

法務局で保管する場合は、遺言書作成の注意点や手続き方法を事前に確認しましょう。

【法務局への保管申請手続きの流れ】

❶遺言書を作成する

❷保管申請書を作成する

③添付書類等を準備する
◀……④法務局に保管申請の予約をする
◀……⑤管轄の法務局（遺言書保管所）に行く

内容面のポイント

●なるべく法務局で保管してもらう

遺言書は、なるべく自宅ではなく法務局で保管してもらいましょう。紛失や変造を防ぐことができ、将来、相続人が発見しやすくなります。

●遺言執行者を指定しましょう

なるべく、遺言を執行してくれる遺言執行者を指定しましょう。財産をあげる相手を指定しておけば、必ず執行してくれるはずです。一人ではなく、複数を指定できるので、財産ごとに遺言執行者をつけることも可能です。

●公正証書遺言も考えて

友人に財産をあげたり、福祉施設などに寄付したり、子どもを認知するなど相続人の不利益になる遺言をする場合は、相続人が遺言の実現に反対する可能性があります。そのような場合は、自筆証書遺言だと相続人に握りつぶされる可能性があるので、公正証書遺言にしたうえで、遺言執行者や財産をあげる相手に遺言書を預けておくと安心です。死亡したらすぐに連絡がいくように手配しましょう。

●相続人が高齢の場合は、予備的遺言にする

高齢の配偶者に相続させるような場合は、相手のほうが先に亡くなる可能性があるので、その場合は、その分を長男に相続させるなど、予備的に遺言すると安心です。

遺言書の基礎知識❼

自筆証書遺言の実行までの流れ

将来、相続が発生したら、相続人は遺言書をもとに相続手続きを行うことになります。
家庭裁判所の検認が必要なので、
相続手続きの実行までに準備期間も含めて2～3ヶ月かかります。

相続発生

❶遺族が遺言書を発見する

- 勝手に開封してはいけません。
- そのままでは、遺言書をもとにした不動産や預貯金などの相続手続きができません。
- 法務局で保管した場合は、相続人が法務局で遺言書を検索して写しを請求できます。

遺言書がある！
えっ！…
遺言書

② 家庭裁判所の検認手続きを受ける

●相続人などが、家庭裁判所に検認の申し立てをします。
●相続人全員に、検認の通知が届きます。
●欠席者も、後日遺言書の内容を知ることができます。
●法務局で遺言書を保管した場合は、検認手続きは不要です。

③ 遺言書の有効・無効を確かめる

●形式面、内容面で問題がないかチェックします。判断がつかなければ、弁護士や司法書士などの専門家にアドバイスを求めましょう。

④ 遺言を実行する

●遺言執行者に連絡します（遺言執行者がいる場合、他の相続人は、勝手に遺産を処分できません）。
●遺言書をもとに、不動産や預貯金などの相続手続きを行います。

遺言書の基礎知識❽

公正証書遺言のつくり方

遺族が相続手続きをしやすいことが、一番のメリット

法務局で自筆証書遺言書を保管した場合でも、形式面の審査だけで内容の審査はされません。将来確実に実行したいなら、公正証書遺言にした方が安心です。

どんな人に向いている？

- 死後、確実に遺言を実行してほしい人
- 不動産など高額な財産がある人
- 病気などで自筆証書遺言がつくれない人
- 認知や廃除、第三者への遺贈など相続人の利益を損ねるような遺言をしたい人

メリット

形式面で無効になるおそれがない。

公証役場で原本を保管してもらえる。
※平成26年4月より、遺言書の原本を電子データ化し、原本と別管理する二重保管制度が実施されました。

家庭裁判所の検認が不要なので、すぐに相続手続きができる。

「これは父親の字じゃない」「お前が無理やり書かせたんだろう」などと、遺族がもめるおそれが少ない。

デメリット

多少の手間と費用がかかる。

公証人と証人に、遺言の内容を知られる（ただし、公証人には守秘義務があります）。

【公正証書遺言の作成手順】

❶

公証役場を訪ねて、公証人と遺言書の内容を打ち合わせる。

❷

戸籍謄本などの必要書類を提出する。

あとで校正をするためにコピーをとっておきましょう。

❸

遺言書の文面を受け取り、間違いがないか校正する。

ファックスや郵送でもやりとりできます。

❹

予約日に公証役場で、公証人と証人2人の立会いのもとに遺言書を作成する。

適当な証人がいなければ、公証役場に紹介を依頼したり（有料・1人1万円程度）、
守秘義務のある弁護士や司法書士に個別に依頼するといいでしょう。

【公証人手数料】

相続財産の価格（１人あたりに相続または遺贈する金額）

100万円まで	5000円
200万円まで	7000円
500万円まで	１万1000円
1000万円まで	１万7000円
3000万円まで	２万3000円
5000万円まで	２万9000円
1億円まで	４万3000円

- １億円超は、３億円までは超過額5000万円ごとに１万3000円を追加。その後10億円までは同1万1000円を追加。10億円超は、同8000円を追加。
- 価額が算定不能の場合、1万1000円。
- 総額が１億円未満の場合、遺言加算として上記の手数料に１万1000円が加算される。

〔計算例〕

相続人３人に1800万円ずつ相続させる場合

①公証人手数料：
２万3000円×３人＝６万9000円

②遺言加算：１万1000円

③用紙代（枚数によって異なる）：約3000円

合計　約８万3000円

※公証人が自宅などに出張する場合は①が1.5倍になるとともに、日当（1～２万円）と交通費がかかります。

公証役場の手数料は、財産の額と相続人の数によって変わります。

意外と知らない

遺言書のQ&A

Q 遺言書は何歳からつくれますか?

A 法律上、満15歳になれば遺言書がつくれます。

Q 遺言書に有効期間はありますか?

A ありません。取り消さない限り有効です。

Q 遺言を取り消したいときはどうするのですか?

A 新たな遺言書で前の遺言を取り消したり、遺言書に記載した財産を処分することなどで取り消せます。取り消し後は、将来トラブルにならないように、前の遺言書は破棄しましょう。

Q 判断能力に問題があっても遺言書は有効ですか?

A 判断能力の程度にもよりますが、死後に遺言書が無効と判断される可能性があります。

Q 遺言書の相談は誰にすればいいのですか?

A 複数の専門家がいるので、目的にあわせて使い分けるといいでしょう。

- 弁護士――法的な問題があったり、遺言執行者を依頼したい人
- 司法書士――不動産を多く所有していたり、高齢期の財産管理について相談したい人
- 税理士――生前贈与や相続税について相談したい人
- 行政書士――相続手続きの相談、遺言書作成のための書類収集や証人を依頼したい人
- 公証人――公正証書遺言や財産管理を、子どもなどに任せるための書類を作成したい人

相談窓口

日本弁護士連合会	TEL：03-3580-9841
日本司法書士会連合会	TEL：03-3359-4171
日本税理士会連合会	TEL：03-5435-0931
日本行政書士会連合会	TEL：03-6435-7330
日本公証人連合会	TEL：03-3502-8050

※各団体のホームページもあります。

用語解説

【遺産分割協議】 P.16 P.23 P.24
（いさんぶんかつきょうぎ）
遺産の分け方について、相続人が話し合って決めること。通常は、遺産分割協議書を作成し、相続人全員が実印で、署名押印する。

【遺贈】 P.28 P.34
（いぞう）
遺言で特定の人に財産をあげること。通常は相続人以外の第三者について用いられる。

【遺留分】 P.16 P.32 P.34 P.44 P.47
（いりゅうぶん）
相続人に最低限のこされる遺産相続に関する権利。きょうだいにはない。

【遺留分侵害額請求】 P.6 P.15 P.39 P.44 P.45
（いりゅうぶんしんがいがくせいきゅう）
相続人が遺留分を侵害されたときに、それを取り戻すための請求のこと。2019年7月の相続法改正により金銭での請求となる。期間制限がある（相続開始及び、遺留分侵害の事実を知ったときから1年、知らない場合は相続開始から10年）。

【遺留分の放棄】 P.15 P.16 P.37
（いりゅうぶんのほうき）
相続人が遺留分の権利を放棄すること。被相続人の生前に放棄する場合は、家庭裁判所の許可が必要。

【検認】 P.11 P.55 P.56
（けんにん）
相続発生後、家庭裁判所で行われる自筆証書遺言の現状を確認する手続き。遺言書の有効無効を決めるものではない。

【祭祀の主宰者】 P.39
（さいしのしゅさいしゃ）
墓地や遺骨などを受け継ぎ、法要などを主宰する者。通常は相続人のうち一人を指定する。

【受遺者】 P.61
（じゅいしゃ）
被相続人の死後、遺言によって財産をもらえる人。

【相続人】 P.8 P.16 P.36 など
（そうぞくにん）
相続発生により、被相続人の財産上の地位を承継する人のこと。

【特別縁故者】 P.28 P.34
（とくべつえんこしゃ）
相続人ではないが、被相続人と生計が同一だったり療養看護に努めるなど特別の関係があった人。相続人がいない場合に、家庭裁判所に請求すれば相続財産の分与を受けられる場合がある。

【認知】P.9 P.39
（にんち）

両親が結婚しないで生まれた子につき、主に父親が自分の子と認めることで法律上の父子関係を発生させること。

【廃除】P.9 P.36 P.39 P.47
（はいじょ）

被相続人の意思で、家庭裁判所の審判によって相続人の持っている遺留分を含む相続権を剥奪すること。生前の申し立てのほかに、遺言によっても可能。

【被相続人】P.60
（ひそうぞくにん）

亡くなって財産を相続される立場にある人。

【付言事項】P.16 P.32 P.39
（ふげんじこう）

遺言書の最後に記載する相続人などへの私的なメッセージ。法的効力はない。

【負担付遺贈】P.38
（ふたんつきいぞう）

財産を遺贈する見返りとして、受遺者に一定の義務を負担してもらうこと。義務を履行しない場合は、他の相続人などが家庭裁判所に、遺言の取消しを申し立てることができる。

【法定相続分】P.16 P.42
（ほうていそうぞくぶん）

相続発生後、誰がどれだけ財産を相続できるかという、法律で決められた割合。

【遺言執行者】P.27 P.39 P.55
（ゆいごんしっこうしゃ）

相続人の代理人として遺言の内容を実行する人のこと。遺言執行者には、強力な権限があり、他の相続人は勝手に相続財産を処分できないのが原則。未成年者と破産者以外は誰でもなれるが、金融機関の相続手続きをスムーズにするには、弁護士に頼むのがベスト。

【予備的遺言】P.35
（よびてきゆいごん）

遺言者よりも、先に相続人が亡くなった場合に備えて、その人の分を別の人が相続するように段階的に指定すること。

遺言書と一緒につくっておくと安心な書類

【高齢期の財産を守る6つの書類】

現在

①身体が不自由になる

②判断能力が低下する

役立つ書類

❶ 財産管理等の委任契約書

❷ 任意後見契約書

●高齢期の財産を守るためにつくっておきたい

せっかく遺言書をつくっても、相続発生時に財産がなくなっていたら意味がありません。特殊詐欺などで財産を失ったりしないように、今のうちに家族に財産管理を任せる仕組みをつくっておくと安心です。

将来、目や足が不自由になって銀行や市役所に行けなくなり、委任状も書けなくなった場合に備えるのが、❶の「財産管理等の委任契約書」。この一通で色々な手続きを、信頼できる子どもなどに任せられます。

次に、認知症になった場合に備えるのが、❷の「任意後見契約書」です。そのときに誰を後見人にして財産管理を任せるか、今のうちに決めておけます。ただし、あくまでも本人の財産を守るのが目的なので、子や孫への生前贈与や相続税対策はできなくなります。

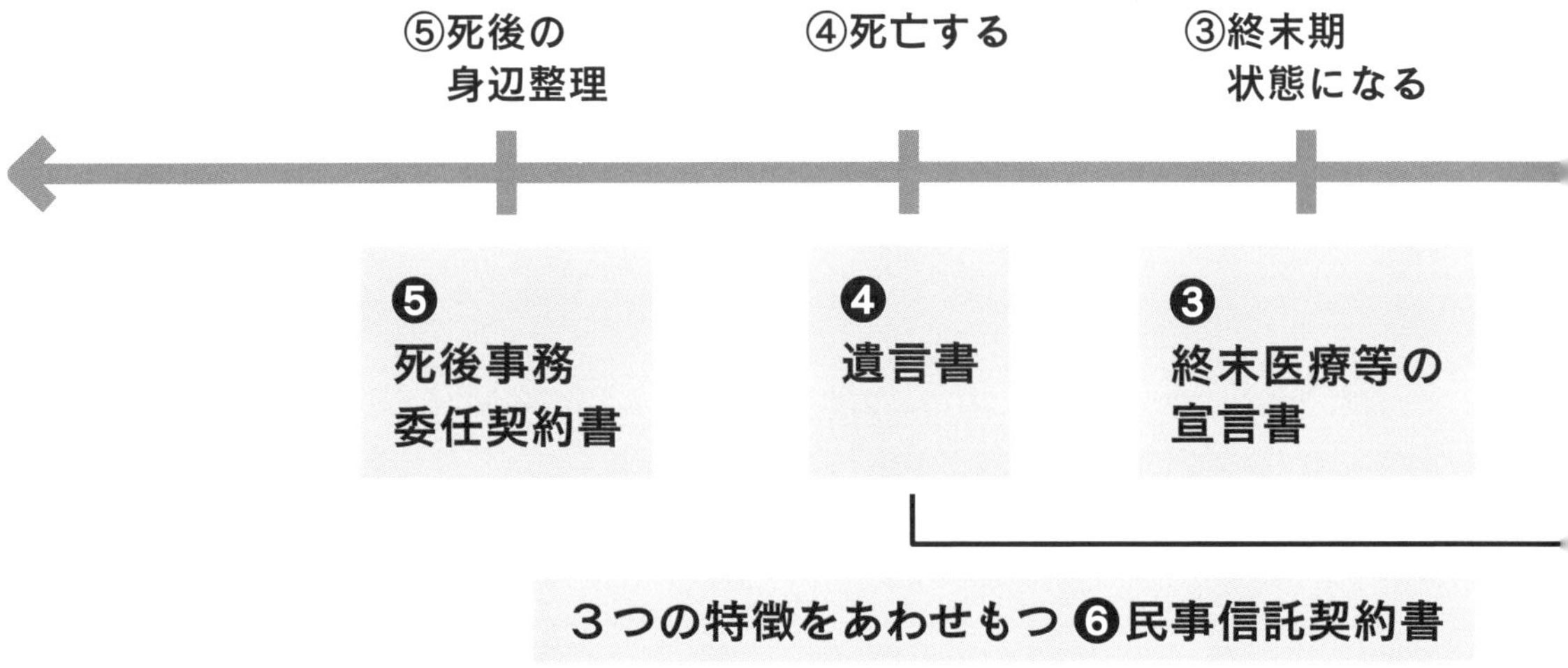
⑤死後の身辺整理
④死亡する
③終末期状態になる
❺死後事務委任契約書
❹遺言書
❸終末医療等の宣言書
３つの特徴をあわせもつ❻民事信託契約書

❸の「終末医療等の宣言書」は、終末状態になったとき、胃ろうや延命措置をどうするか指示する書類です。いざというとき子どもに迷わせたくない人は、自分の考えを書いておきましょう。

❺の「死後事務委任契約書」は、自分の死後、葬儀や家の片づけを誰かに頼んでおくための書類です。特におひとりさまは、準備しておくと安心でしょう。

子どもに財産を引き継がせる仕組みをつくる

最近は、❶❷❹の特徴をあわせもつ「民事信託」が注目を集めています。簡単にいえば、親が財産を子ども名義にして管理を任せ、親の死後は子どもに財産を引き継がせる仕組みです。子どもに賃貸不動産の管理を任せたり、親亡きあと障害をもつ子どもに兄弟から定期的に生活費を渡してほしいといった場合に利用します。仕組みが複雑なので、利用する場合は、弁護士や税理士などの専門家に相談してください。

❶～❻の書類はいずれも公証役場でつくれるので、遺言書の作成時にまとめてつくると効率的です。

著者プロフィール

本田桂子（ほんだ　けいこ）

1969年生まれ。弁護士。民事信託を得意とする法律事務所に勤務。約15年間、行政書士・ファイナンシャルプランナーとして遺言や相続、任意後見など高齢期の相談を多く手がける。2016年に司法試験合格、2018年弁護士登録。著書に『エンディングノートのすすめ』（講談社）、『もしもの時に家族をつなぐ 書き込み式エンディングノート』（NHK 出版）、『その死に方は、迷惑です――遺言書と生前三点契約書』（集英社）、『マンガと図解で今すぐできる「思い」を届ける遺言書』（技術評論社）など多数。

〈スタッフクレジット〉

イラスト—若泉さな絵

本文デザイン—白水靖子（アクシャルデザイン）、加藤朝代（編集室クルー）

カバーデザイン—金井久幸（Two Three）

編集協力—加賀田節子事務所

誰でも簡単につくれる遺言書キット

法務局保管制度対応版

（要点がわかる！ 遺言書の基礎知識ブック）

2023年6月10日　第1刷発行

2024年7月10日　第2刷発行

著　者　本田桂子

発行者　永岡純一

発行所　株式会社永岡書店

〒176-8518　東京都練馬区豊玉上 1-7-14

電話：03-3992-5155（代表）

：03-3992-7191（編集部）

ＤＴＰ　編集室クルー

印　刷　精文堂印刷

製　本　ヤマナカ製本

ISBN978-4-522-44105-3　C2077